U0586340

我的梦想在天空

张军◎编著

天文学家

中国出版集团

现代出版社

图书在版编目（CIP）数据

我的梦想在天空 / 张军编著；——北京：现代出版社，2013.2 （2024.12重印）

（我的未来不是梦）

ISBN 978-7-5143-1415-1

Ⅰ．①我… Ⅱ．①张… Ⅲ．①天文学家－生平事迹－世界－青年读物②天文学家－生平事迹－世界－少年读物Ⅳ．①K816.14-49

中国版本图书馆 CIP 数据核字 （2013） 第 025461 号

我的未来不是梦——我的梦想在天空（天文学家）

作　　者	张　军
责任编辑	刘　刚
出版发行	现代出版社
地　　址	北京市朝阳区安外安华里 504 号
邮政编码	100011
电　　话	（010）64267325
传　　真	（010）64245264
电子邮箱	xiandai@cnpitc.com.cn
网　　址	www.modernpress.com.cn
印　　刷	唐山富达印务有限公司
开　　本	700×1000　1/16
印　　张	12
版　　次	2015 年 3 月第 1 版第 1 次印刷　2024 年 12 月第 4 次印刷
书　　号	ISBN 978-7-5143-1415-1
定　　价	47.00 元

序　言

　　这套以"我的未来不是梦"命名的丛书，经过众多编者的数年努力，终于以这样的形式问世了。

　　此时，恰值党的"十八大"刚刚胜利闭幕，选举出了以习近平同志为首的党中央领导集体。"十八大"报告中对教育领域提出："坚持教育为社会主义现代化建设服务、为人民服务，把立德树人作为教育的根本任务，培养德智体美全面发展的社会主义建设者和接班人。"这使我们编者更感此套丛书生即逢时，契合新时期新要求，意义重大。

　　我们编写的这套《我的未来不是梦》系列丛书，精选了古往今来的一些重要职业，尤以当下热点职业为重。而"梦想的实现"则是本套丛书的核心。整套书立意深远，观点新颖，切合实际，着眼实用，是不可多得的青少年优质读物。

　　我们深信，这套丛书必将伴随小读者们的生活与学习，而促进他们德智体美全面健康的成长。更使他们对未来充满信心，驾驭着新知识和新科技，驶入海洋，飞向蓝天，去实现最美好的梦想！

目录 CONTENTS

第一章 写在天空上的史诗

发端 …………………………………………………………… 009

成就 …………………………………………………………… 011

展望 …………………………………………………………… 013

第二章 爱与执著

鲜花广场上的受难者 ………………………………… 017

镜片上的天文传奇 …………………………………… 022

愿你执著如哈雷 ……………………………………… 025

奇人王锡阐 …………………………………………… 030

天上有颗"中华星" …………………………………… 037

第三章 胸有壮志

名僧一行 ……………………………………………… 049

独辟蹊径成就梦想 …………………………………… 053

开拓宇宙疆域的"星海将军" ………………………… 059

第四章 奇思妙想

伽利略拥有千里眼 …………… 067
让牛顿来吧,让一切变成光明 …………… 072

第五章 机遇当前

并非"旁逸斜出"的天文成就 …………… 081
只怕官运找上门 …………… 086
在成功的路上淡泊行走 …………… 089

第六章 奋发图强

"地下"天文学家王贞仪 …………… 097
建立"北京时间"的女天文学家 …………… 101
天空记下中国人的名字 …………… 107
爱国开创精神永远传承 …………… 112

第七章 贵人相助

可敬的郭守敬 …………… 121
勇于创新的"天空立法者" …………… 126
最博学的百科全书式的学者 …………… 131

第八章 推陈出新

"中西合璧"徐光启 …………… 139
"八级风"中李淳风 …………… 148
偏偏不信"报应"来 …………… 153
《大明历》是怎样诞生的 …………… 156

第九章　独树一帜

第谷那双慧眼 ………………… 165

"春节老人"落下闳 ………………… 171

天文学巨人哥白尼 ………………… 177

第十章　我的未来不是梦

现状与预期 ………………… 189

责任与义务 ………………… 191

第一章

写在天空上的史诗

◎导读◎

　　在人类历史上，有一部历史不可或缺，那部历史，是写在天空上的。

　　那是一部永远也写不完、画不上句号的史册。

　　那便是天文史。

■ 发端

自从有了人类,自从人类的目光开始注视浩瀚的天空时,天空便吸引了人们全部注意力,唤起了人们的好奇之心。白天,晴空万里,艳阳高照,微风和煦,天地间的一切事物都生机盎然;然而太阳有升有落,于是形成了夜。夜里,星月交辉,天地间的景物仿佛披上了银纱,是那般的朦胧,具有神秘的美感。可是,也有这样的时候,狂风大作,飞沙走石,天地间一片混沌初开的模样;大雨倾盆,有时会接连下上若干天若干夜,于是灾难接踵而至,待到云开日出时,老天又换上了笑脸,当然,有时人们也注意到天边会出现线条规整、七彩斑斓的半圆形景观……遥不可及的天空一切都是那么神秘,那么不可思议,人们在好奇心驱使下,渐渐有了强烈的探究欲望。

随着时间的推移,人们在享受一些天文现象带给人们美感与愉悦的同时,也不得不被另一些天文现象困扰。就这样,破解它们成了必然和必须之事。

于是,人们开始了自发式的观察。经过积累,逐渐形成了一些或深或浅的理解。但是,这种状态显然不能解除他们心目中所有的谜团。

人们意识到了破解这道谜题其实是困难重重,但他们不肯止步、无法止步,于是,相应地,他们想方设法以自己能达到的方式与手法继续对天空进行执著的探索。

这样的探索形成记录的时间可以追溯至远古时期。那时,为了更细致、更专业地从事天文学研究,以满足各类所需,甚至还出现了专业天文研究者。在我国的史籍《尚书·尧典》就有"乃命羲和,钦若昊天,历象日月星辰,敬授人时"的记载,说明在传说中的帝尧(约公元前24世纪)的时候便已经有了专职的天文官,从事观象授时。山东古为东夷之域,莒县、诸城又处滨海,正是在这里发现了祭天的礼器和反映农事天象的原始文字,这与《尧典》所载正可相互印证。

同样的,世界各地的先民们出于类似的需求,也都在进行着类似的工作,取得了不同的成就。

■ 成就

就这样,当共同的研究一旦形成交集,便汇集成人类对天文探索的大成就,这是人类文明在天文学领域的体现。

历经久远的天文学研究进步的标志,便是不断出现、层出不穷的以专业研究者为主体的从业者不胜枚举的贡献。他们往往担负着继往开来的重任,在总结积累前人成果的同时,也将自己历尽艰难所摘取的天文学研究硕果接连不断地奉献给世人。

于是,在天文学领域,在世界视角下,前仆后继地出现了无数成家立万的天文学家:阿里斯塔恰斯、喜帕恰斯、托勒密、哥白尼、第谷·布拉赫、伽利略、开普勒、牛顿、哈雷、爱因斯坦、洛厄尔、哈勃……而中国历史上著名天文学家同样数量庞大、成就毫不逊色:甘德、刘歆、落下闳、张衡、刘洪、虞喜、祖冲之、郭守敬……如此,果真是不一而足。他们个个具有无与伦比的勤勉、敬业、刻苦精神,迎难而上,知难而进。天道酬勤,他们所获得的天文学成就也足以令世人叹赏,受用不尽。而他们各自倡导的学说、观点,有的问世即成为定理,有的却争议不尽;有的被验证为准确无误,意义非凡,有的却因失误与偏差最终轰然倒地。关于这些,我们信手便可拈来:如日心说、地心说、浑天说、星云说……你方唱罢我登场,各领风骚。也正是因为他们的贡献,我们才逐步认识了我们头顶上那片变幻不定的天空。他们所累积起的天文学史,恰恰是写在天空上的史诗。

他们以日月星辰为研究对象,而他们也因出众的才华和过人的贡献成为一颗颗耀眼的星，散发着夺目的光芒，令世人瞩目、景仰。

值得说明和骄傲的是，作为文明古国，中国是世界上天文学发展最早的国家之一，始终走在世界前列，几千年来积累下无比宝贵的天文资料，让世界普遍受益并认同。在我国，天文学仅次于农学和医学，是构成中国古代最发达的4门自然科学之一。到了战国秦汉时期后，更是形成了以历法和天象观测为中心的完整的体系，制定历法，观测天象始终是它们的庄严课题和神圣使命。而无数的从业者们也不辱使命、不负众望，将我国天文学事业步步推进。如前所述，我国历朝历代的天文学家们以各自对天文学事业的痴迷与执著，成就了自己，也为中国天文事业立下汗马功劳，功不可没。

及至新中国成立后，我国的天文事业更有着突飞猛进的发展。经过数代人艰苦卓绝的努力，从而实现硬件设施由点到面，各台、站完善布局，形成具有特色的天文体系。几十年来，中国从无到有地建立了射电天文学、理论天体物理学和高能天体物理学，以及空间天文学等学科，填补了天文年历编算、天文仪器制造等空白，组织起自己的时间服务系统、纬度和极移服务系统，在诸如世界时测定、光电等高仪制造、人造卫星轨道计算、恒星和太阳的观测与理论、某些理论和高能天体物理学的课题以及天文学史的研究等方面取得不少重要的成果，令世人刮目相看。限于篇幅，我们只能提供浮光掠影、简明扼要的天文实绩。

■ 展望

　　大天文学家哥白尼曾说："假如真有一种科学，能使人类灵魂高贵，脱离世间的污秽，这种科学一定是天文学。因为人类若是见到上帝管理下的宇宙所有的庄严秩序时，必要感觉到一种力量，催迫自己趋向于规律的生活，去履行各种道德，可以从万物中认出造物主，确是真善之源。"诚哉斯言。就像天空那张耐人寻味的面孔一样，天文学也值得我们投入地关注、揣摩和发现。

　　——美丽的天空期待每一位心存梦想的探索者！

● 智 慧 心 语 ●

1.黑色熔炉的中央,送出无数太阳的地方,无穷的魔力在蕴藏。

——阿瑟·里姆包德

2.如果一个人能对着天上的事物沉思,那么在他面对人间的事物时,他的所说所想就会更加高尚。

——西塞罗

3.有物混成,先天地生。寂兮寥兮,独立不改,周行而不殆,可以为天下母。

——老子

第二章

爱与执著

◎导读◎

　　有梦想就要实现,而若实现梦想,不可或缺的便是爱与执著:有了爱,我们便有了一往无前的动力与能量;有了执著,我们便锲而不舍、百折不回。爱与执著促成我们最终抵达胜利的彼岸。

■ 鲜花广场上的受难者

1600 年 2 月 6 日。洋溢着温馨、寓意着美好的罗马鲜花广场上,一场罪恶而残酷的火刑正在上演。受难者,名唤布鲁诺;而执刑者,便是宗教裁判所。这是一场宣判真理死刑的闹剧。

布鲁诺是杰出的思想家、唯物主义者、天文学家。

1548 年,布鲁诺诞生于意大利那不勒斯附近的诺拉城的一个普通农民家庭。10 岁时,因家境贫困,父亲不得不把布鲁诺送到修道院去。在那里,他刻苦自学,积累了丰富的知识。他性格倔强,善于独立思考,敢于对事物与现象发表自己独特的见解。

24 岁那年,布鲁诺成为牧师并获得哲学博士学位。作为僧侣,似应对《圣经》上所说的一切都要深信不疑:上帝创造了天和地,又创造了太阳、月亮和众星来照耀大地,上帝就是万物的主宰。但布鲁诺却逐渐对宗教产生怀疑。他大胆地批判《圣经》,为此写过一篇题为《诺亚方舟》的文章,不但猛烈地抨击了固守《圣经》教条的学者们,而且无情地讥讽了罗马教廷和古代权威亚里士多德。他的这些行动,在一定程度上动摇着人们对《圣经》等的信仰,因此立刻遭到宗教卫士们的围攻,罗马教皇还公开宣布他是"异端分子",派专人监视他的活动。凡此种种,并未束缚布鲁诺对真理的探求,特别是读了哥白尼《天体运行论》之后,更激起了他为科学真理而献身的热情。

由于遭到教廷通缉,布鲁诺先后流亡瑞士、法国、英国、捷克斯洛伐

我的未来不是梦

克、奥地利、匈牙利等国,长达 13 年之久。布鲁诺到处演说、辩论、宣传真理。从 1578 年到 1591 年的 13 年间,布鲁诺的足迹几乎踏遍了整个欧洲。每到一个地方,他都积极批判宗教神学,热情宣传哥白尼的学说,反对托勒密的地心说。他在许多大学里的讲课轰动了许多城市,他写的小册子使虔诚的天主教徒和基督教徒战栗,而青年人则报以热情的掌声和欢呼。

布鲁诺不仅大胆地宣传哥白尼的"太阳中心说",而且比他的老师走得更远。1584 年,布鲁诺在伦敦出版《论无限宇宙和世界》一书,捍卫哥白尼的理论,并阐明宇宙无限的思想。他在书中问道:"假如世界是有限的,外面什么也没有,那么我要问:世界在哪里?宇宙在哪里?"他告诉人们:宇宙是无边无际的,世界是没有尽头的。就是太阳,也不是什么宇宙的中心,而只是满天星斗中的一颗而已。他甚至大胆地提出,在别的行星上,也有生物,地球并不是唯一有生命实体的星球。他的著作富有强烈的反宗教的唯物主义思想。

也是在留英时期,布鲁诺完成了《论原因、本原和统一》、《论无限性、宇宙和情世界》两本主要著作。布鲁诺继续充满激情宣传哥白尼的"日心说",并且做了许多重要的理论概括、补充纠正和发展,提出了关于宇宙的新理论。他再次阐明宇宙在时间上和空间上都是无限的。因为空间上无限,宇宙既不可能有一个中心,也没有绝对的边缘,因此他说:"我们可以十分有把握地断言,整个宇宙到处是中心,或者宇宙的中心处处在。"

在侨居德国期间又先后发表了 3 部用拉丁文撰写的著作:《论三种极少和限度》、《论单子、数和形状》和《论无量和无数》。他认为,宇宙无论在空间和时间上都是无限的。空间上的无限是整个宇宙的无限大,根本就没有固定的中心,也没有界限。地球不是宇宙的中心,而是环绕太阳运转的一颗行星,太阳也不是宇宙的中心,只是太阳系的中心。宇宙中有无数的太阳,而围绕它们运行的则是无数的行星。宇宙不仅在空间上是无限的,而且在时间上也是永恒的。宇宙不会有开始,也不会有结束。在无限的宇宙中,有无数"世界"在产生和消灭,但作为无限的宇宙本身,却是永恒存在的。不生不灭,不增不减。他还认为宇宙是统一的,物质是一切自然现象和共同的统一基础。因此,在无限的宇宙中,任何一个星球都和地球、太阳一样是由同一物质构成的。地上和天上都服从同一个规律,所以"宇宙是统一的"。布鲁诺还认为宇宙万物处在变化之中,然而万变不离其宗,在一切纷繁多样、生灭变化的事物中,有一个唯一的实体,即物质。它既是万事万物的本原,又是世界万物的原因。物质是永恒的和始终不变的,人们所见到的千变万化、多种多样的实物,只不过是它的"外观"而已。同一种物质,不同于任何特殊物体,但是它表现为各种特殊物体,它是不可创造、也不能消灭的。布鲁诺由此得出"宇宙乃是一个统一的世界"的结论。

布鲁诺以毕生精力继承、捍卫和发展了哥白尼的太阳中心说,把人类对天体的认识提高到一个新水平。

布鲁诺虽然避开了来自祖国的迫害,但他也没能逃离来自异国的加害。欧洲各地不论是正统的天主教,还是打着宗教改革旗号的新教,都竞相迫害布鲁诺。然而这丝毫没有动摇他的信念。他仍坚持把哥白尼的学说传遍了整个欧洲。他成为反教会、反经院哲学最坚决、最勇敢的战士。由于他到处宣传新宇宙观,反对经院哲学,引起了罗马教皇的恐惧和仇恨,把他视为眼中钉、肉中刺,必欲置之死地而后快。

布鲁诺长期流亡在外,思乡心切。同时他也急切地想把自己的新思想和新学说带回来,献给自己的祖国。1592 年初,布鲁诺不顾个人安危,回到威尼斯讲学,结果却落入了教会的圈套,被捕入狱。威尼斯政府开始不想把他交给教会,但后来怕得罪罗马教皇,还是把他交给了罗马教廷宗教裁判所。

布鲁诺在罗马被关押了 3 年多之后,宗教裁判所才开始审讯他。教会控告他否认神学真理、反对《圣经》,把他视为头等要犯。先后两任红衣主教都要处死他。但教会关押布鲁诺的目的还是要迫使他低头认罪,放弃自己的观点,向教会忏悔、屈膝投降。罗马教廷想摧毁这面旗帜,肃清他的影响,以此来重振教会的声威。秉性正直、坚持真理的布鲁诺,不怕坐牢、不怕严刑拷打,拒不认"罪"。在宗教裁判所对他动用重刑时,他从容回答:"我不应当也不愿意放弃自己的主张,没有什么可放弃的,没有根据要放

我的未来不是梦

弃什么,也不知道需要放弃什么。"布鲁诺在长达 8 年之久的监狱生活中,受尽酷刑,历尽了人世间非人的折磨和凌辱,但他丝毫没有动摇自己的信念,坚贞不屈,始终恪守自己的诺言,不放弃自己的学说和信念,不承认自己"有罪"。他曾说过:"一个人的事业使他自己变得伟大时,他就能临死不惧。""为真理而斗争是人生最大的乐趣。"

1600 年 2 月 6 日,宗教裁判所判处布鲁诺火刑,布鲁诺以轻蔑的态度听完判决书后,正义凛然地说:"你们对我宣读判词,比我听判词还要感到恐惧"。行刑前,刽子手举着火把问布鲁诺:"你的末日已经来临,还有什么要说的吗?"布鲁诺满怀信心庄严地宣布:"黑暗即将过去,黎明即将来临,真理终将战胜邪恶!"他最后高呼:"火,不能征服我,未来的世界会了解我,会知道我的价值。"52 岁的布鲁诺在熊熊烈火中英勇就义。他死后,教会甚至害怕人们抢走这位伟大思想家的骨灰来纪念他,匆匆忙忙把他的骨灰连同泥土一起抛撒在台伯河中。

伟大的科学家就义了,但真理是不死的。随着科学的不断发展,到了 1889 年,罗马宗教法庭不得不亲自出马,为布鲁诺平反并恢复名誉。同年的 6 月 9 日,在布鲁诺殉难的罗马鲜花广场上,人们树立起他的铜像,以作为对这位为真理而斗争,宁死不屈的伟大科学家的永久纪念。布鲁诺用生命捍卫了真理, 捍卫了信仰。如同受刑前布鲁诺那掷地有声的宣言一样,他对真理的捍卫还原了真理,在世界上,他获得了全世界广泛的认同与景仰。

逐梦箴言

　　布鲁诺最打动人心之处就是捍卫真理的坚定信念以及大义凛然的一身正气。事实上，我们每个人都应具有这样的价值取向。

知识链接

火刑的由来

　　高卢人把犯人关入一个巨大而结实的柳条篮里，然后点火焚烧。日本人在 19 世纪也使用过类似方法。这种方法据说"极富观赏性"，犯人在篮里又叫又跳，可怎么也爬不出这"独特的环境"。而斯基泰人则将犯人扔到一辆堆满了干柴并洒上了稀树脂的牛车上，一旦火起，受惊的牛便会拉着"火车"穿过整座城市，很具警诫效果。

　　罗马人把犯人钉上十字架，再遍身淋满沥青和松脂，做成一个大火把，抬着示众。在中世纪的英国和意大利，则是用柴草将犯人裹得严严实实，捆得如同粽子，然后点火。

　　至于专门的火刑柱则是将人高高绑起，在脚下堆柴烧火，法国的圣女贞德便是这样被处死的。在她被烧的整个过程充满了下流的展览手段。

　　据说，火刑有净化的作用。因此，火刑总是和消灭异端邪恶联系在一起的。

我的未来不是梦

■ 镜片上的天文传奇

31 年前的 4 月 25 日，英国格林尼茨海军大学举办的一场别开生面的"纪念赫歇耳音乐演奏会"正在火热进行。来自四面八方的到场者云集礼堂内外，全心全意、全神贯注地聆听着每一首交响乐或者奏鸣曲、协奏曲或者田园诗，它们的作者名唤赫歇耳，他由爱好天文学的乐师变成了精通乐理的天文学家，被誉为世上少有的"音乐界和天文学界的双星"。

200 年前，"双星"威廉·赫歇耳发现了太阳系的第七颗大行星——天王星，彻底改变了人类对太阳系的认识，赫歇耳由此名闻遐迩，并实现华丽转身，正式开始他的天文学生涯。这场音乐演奏会正是为了纪念他的这一划时代的发现的。与此呼应的，赫歇耳也正是双星研究的奠基人，他确证了太空中的确存在着形影不离、互相绕转着的"星界鸳鸯"——双星，他共发现了 848 对双星，并证实了维系着双星的是牛顿的万有引力理论，其运动则遵循着开普勒定律。

赫歇耳于 1738 年生于德国汉诺威（当时它属英国管辖）一个音乐世家，为逃避兵役，18 岁时流浪到了英国本土，正是他的不俗的音乐才华使他摆脱了饥饿的折磨。投身天文学事业起，他的业绩一一显现，辉煌的背后却是极度的热爱与刻苦的付出。

赫歇耳的贡献几乎涉及天文学的所有领域。在太阳系中，除了天王星外，他还发现了 4 颗卫星：天卫三、木卫四、土卫一和土卫二。通过数十年如一日 1083 次单调枯燥的恒星计数工作，从对 60 万颗恒星的测量证明了银河系的存在,并探知了它的形状、结构与大小,尽管限于当时的条件,他的一些结论并不完全正确,但无疑他是真正的"恒星天文学之父",是开创银河系研究的先行者。他所记录下的星团与星云多达 2500 个,并发现了一种新的天体——行星状星云。通过对恒星运动的研究,他指出太阳在银河系中也在运动着,即太阳率领着它的"子孙",以每秒几十千米的速度向着武仙座与天琴座毗邻的方向疾驰而去。他还是最早发现太阳有红外线发射的科学家,红外天文学也是由此发端起来……

在某种程度上,赫歇耳对天文学的非凡贡献也得力于天文望远镜。他是天文学界的老虎,而天文望远镜是他为自己插上的羽翅。赫歇耳对于天文望远镜的贡献更是无与伦比的,他也是制造望远镜最多的天文学家。从 1773 年起,他亲自动手磨制镜片就磨了半个世纪。这是一项极为枯燥又繁重的体力加智慧的工作,要把一块坚硬的铜盘磨成规定的极其光洁的凹面形,表面误差比头发丝还要细许多倍,中途还不能停顿,其难度可想而知。所以有时他要连续干上 10 多个小时,吃饭时只能由他的妹妹来喂他,而且开始时他连连失败了 200 多次,以至他的一个弟弟终于失去了耐心,沮丧地离他而去。他的努力与心血并未付诸东流,到了 1774 年他最终尝到了胜利的硕果,制成了一架口径 15 厘米、长 2.1 米的反射望远镜,天王星的发现正是它对赫歇耳的回馈。

可是,赫歇耳并不满足于此,他意识到望远镜潜在的巨大功用,下定决心要制造出更大的一台。在英王乔治三世的大力支持下,经过 3 年多的不懈努力,在 1789 年他 51 岁时,他的梦想再次实现,这台称雄世界多年的最大望远镜出现在世人面前,它的镜筒直径达 1.5 米,差不多要 3 个人才能合围,镜筒长 12.2 米,竖起来有 4 层楼高,光是镜头就重 2 吨!这架像巨型大炮似的望远镜在使用的第一夜,就帮助赫歇耳发现了土星的第一颗卫星——土卫二,两个月后又发现了土卫一。

赫歇耳艰苦卓绝的努力,使他成为那个时代最耀眼的天文学之星,而他,其实也是一颗"恒星",直到现在,人们依然为他的功绩所津津乐道。赫歇耳之所以能在天文学研究中有如此丰硕的成果,是与他几十年如一日的勤奋工作分不开的。他移居斯劳以后，每天晚上只要不受月光和天气等观测条件的妨碍，总要在妹妹卡洛琳的陪同下观测夜空。人们也记得，这位似乎是为了天文学而生的天文学家，为了事业，尤其是制造望远镜所需的巨大支出，他到 50 岁时才娶了一位非常富有又全力支持他工作的寡妇玛丽为妻，所以他的独子约翰出世时，他已是 54 岁的老人了。1821 年英国皇家天文学会成立时，他众望所归地成为首任会长，后来还被册封为爵士，1822 年他与世长辞。有趣的是，他 84 岁的寿命恰恰就是他所发现的天王星绕太阳公转一周的时间。

逐梦箴言

你想成功吗？想，当然想，那么，你必须具备投入的态度、痴迷的精神，如此，便可铺就通向成功的甬路。付出才有回报，付出总有回报，说的就是这个道理。这就是赫歇耳带给我们的启示。

知识链接

天文学世家

赫歇耳家族可称为天文世家：他的妹妹卡罗琳·赫歇耳也是一位了不起的女性，她终生未婚，与哥哥朝夕相处 50 年，赫歇耳的许多发现中也有她的一份功劳，而她自己也有不少成就：发现了 14 个星云与 8 颗彗星，对星表做了修订，补充了 561 颗星，她对天文学尽心尽力，直到 1848 年 98 岁时去世。

所谓"虎父无犬子"，赫歇耳的独子约翰·赫歇耳也在天文学世界纵横驰骋、建树卓著，发现的双星多达 3347 对，发现了 525 个星团星云，记下了南天的 68948 颗恒星，1849 年撰写的《天文学纲要》是对当时天文学的最好总结，对全世界都有深远的影响。他还是英国皇家天文学会的创始人之一。

■ 愿你执著如哈雷

"哈雷彗星"是个如雷贯耳的名字，你或许知道这是以英国天文学家埃德蒙多·哈雷名字命名的，这是一种纪念，更是一份荣耀，意味着世人对这位伟大天文学家卓越成就的认可，可你知道哈雷之所以如此"光芒四射"，是因为他有着不同凡响的执著精神吗？

埃德蒙多·哈雷(1656–1742)，英国天文学家、地理学家、数学家、气象学家和物理学家，曾任牛津大学几何学教授，第二任格林尼治天文台台长。他把牛顿定律应用到彗星运动上，并正确预言了那颗现被称为哈雷的彗星作回归运动的事实，他还发现了天狼星、南河三和大角这三颗星的自行，以及月球长期加速现象。

埃德蒙多·哈雷出生于 1656 年。很早，他就对浩瀚的星空产生了浓厚的兴趣，以至于 20 岁那年毕业于牛津大学王后学院之后，他放弃了获得学位的机会，选择去圣赫勒纳岛建立了一座临时天文台，从此改变了人生的走向。哈雷是个有心人，他认定的事就一定会全力以赴地做好，这也彰显了他的执著本色。很快，他的认真、细心获得了回报。在那里，哈雷仔细观测天象，经过一段时间的刻苦努力，他编制成了第一个南天星表，弥补了天文学界原来只有北天星表的空白。哈雷的这个南天星表包括了 381 颗恒星的方位，它于 1678 年问世，这时他还只是个 22 岁的毛头小伙子。

哈雷并未满足于此而止步不前。1680 年，哈雷与巴黎天文台第一任台长卡西尼合作，观测到了一颗大彗星。从此他对彗星发生兴趣，为了很好地占有第一手资料,每次观测他都认真地做好记录。在整理彗星观测记录的过程中,他发现了一个奇妙的现象:1682 年出现的一颗彗星的轨道参数,与 1607 年开普勒观测的和 1531 年阿皮延观测的彗星轨道参数相近,而且出现的时间间隔都是 75 或 76 年!哈雷的执著精神显示了威力,为了求得究竟,弄个水落石出,他运用牛顿万有引力定律艰苦、反复推算,终于得出了让他满意的结论。他认为,这 3 次出现的彗星,并不是 3 颗不同的彗星,而是同一颗彗星反复出现。这一发现,让哈雷很是兴奋。哈雷以此为据,再加以精心推算,预言这颗彗星将于 1759 年再次出现。

哈雷的预言引起了广泛的关注,对此,人们各持己见,有人坚信不疑,有人则嗤之以鼻,他们都共同地关注着结果揭晓的那一天、那一刻。1759 年 3 月,全世界的天文台和所有想见证哈雷预言成败的人们都在等待这颗彗星驾临。3 月 13 日,这颗明亮的彗星拖着长长的尾巴,真的亮相在星空中!彼时彼刻,人们无不为哈雷精准的预言而喝彩,就连那些原本不屑一顾、"深疑不信"者,也由此改变了自己的看法,从此对哈雷刮目相看。可是,值得一提的是,哈雷已于 1742 年逝世,未能亲眼看到这颗日后以他大名命名的彗星,留下了永久的遗憾。1758 年,这颗彗星被命名为"哈雷彗星"之时,哈雷作别人世已达 16 年之久。根据哈雷的推算,这颗彗星将于 1835 年和 1910 年回归,让人叹服的是,这颗彗星果然都如期而至,一次又一次地以无可争议的事实验证着哈雷卓越的天文才能,这当然也是对他超众的执著精神的回报。

哈雷最不怕的是"难题",无论难题多么刁钻,他总会迎难而上,想方设法破解,因此这些问题多能迎刃而解。这同样显示了他的执著精神,正因如此,一次小小的打赌,就促成了一部杰作的诞生,可以说,这是他对人类知识宝库的莫大贡献。

从 1680 年起,哈雷对开普勒的行星运动定律产生了疑问,可是,限于种种情况,这一疑问一时竟无从破解。1683 年的一天,哈雷、胡克和雷恩在伦敦吃饭。罗伯特·胡克就是描述了细胞的那位,而克里斯托弗·雷恩爵士是位有一定影响的天文学家。真是"三句话不离本行",聊着聊着,他们的谈话内容转向了天体运动。据认为,行星往往倾向于以一种特殊的椭圆形轨道运行,用理查德·费曼的话来说,就是"一条特殊而精确的曲线",但不知道什么原因。雷恩慷慨地提出,要是他们中间谁能找到答案,他愿意出 40 先令作为奖金。

这样的事,在座的其他两位并未太在意,可是,哈雷却为此着了迷,促使他竭尽全力去寻找那个一直盘旋在心中的难题的答案。尽管如此,哈雷却没能顺利破解这一"悬案"。最后,他想到了求教于他人。他把目标锁定为大名鼎鼎的艾萨克·牛顿。1684 年 8 月某日,哈雷冒昧登门造访。面对这位比自己小 14 岁的后生的求教,牛顿表现了极大的耐心,当哈雷将心中的疑惑和盘托出,问及"若是太阳的引力与行星离太阳距离的平方成反比,您认为行星运行的曲线会是什么样的"时,艾萨克·牛顿马上回答说,会是一个椭圆。哈雷又高兴又惊讶,问他是怎么知道的。牛顿表现很是淡然,说"我已经计算过"。可是,当哈雷向他索要计算材料时,他却没能找到。哈雷太想知道得更全面些,在他的一再敦促下,牛顿答应再算一遍。

此后,两年时间里,牛顿闭门不出,最后写出了他的杰作:《自然哲学的数学原理》,科学史上一部划时代的著作由此诞生。其时,皇家学会同意印行此作,为此,哈雷做了精心、细致的准备,此书的编辑、校对和序言撰写,更是由哈雷亲自完成。然而万事俱备之时,皇家学会却无法筹集资金。为了不让出版计划就此搁浅,哈雷于是"慷慨解囊"。该书终于面世,为使更多的人接受,哈雷甚至致信当时的国王,作了深入浅出的推介。1687 年出版的这本书,成为牛顿最著名的著作。哈雷也开始用牛顿的万有引力定律来研究彗星,可谓"如虎添翼"。

哈雷的天文学成就并非限于精准地预言那颗以他名字命名的"明星",他还发现了恒星的自行现象,这又是一个重大发现。哈雷还提出利用金星凌日的机会,去测定日、地距离,为当时精确测定地球与太阳的距离提供了切实可行的方法。此外,他还发现了月球运动的长期加速现象,为精密研究地、月系的运动做出了重要贡献。

哈雷是个不同凡响的人物,他兴趣广泛、悟性十足,因此在不同领域均有建树。他做过船长、地图绘制员、牛津大学几何学教授、皇家制币厂副厂长、皇家天文学家等。他是深海潜水钟的发明人；作为船长，他绘制了显示大西洋各地磁偏角的地图，这是第一张绘有等值线的图。图中每条曲线经过的点，磁偏角的值都是相同的。今天我们常看到的等高线地形图、等气压线的天气图，其实都来自哈雷的创意。等值线在当时被称为"哈雷之线"；他写过有关磁力、潮汐和行星运动方面的权威文章；甚至，他还发明了一种把鱼类保鲜到淡季的实用方法；哈雷还曾涉猎考古学等；1693年，哈雷发表的一篇关于死亡年龄分析的文章，为英国政府出售寿险时确定合理的价格，提供了坚实基础。据说，这是有关社会统计学的开创性工作，甚至对后来的人寿保险业影响不小。

人们在总结他的成功"秘诀"时，无不认定他的成就与他那非凡的执著精神密不可分。

"哈雷"只是一颗彗星，它并不时刻出现在星空；可是，与它关系最为密切的那个"哈雷"，却成为"恒星"，在人类文明的天际闪现着夺目的光芒。

逐梦箴言

业精于勤而荒于嬉，勤者，自然含纳"执著"的成分。哈雷涉猎广博，多有建树，是因为他用心，也因为他"用力"。记住他的故事，记下故事给我们的启发，我们自有收益。

知识链接

哈雷和他的绰号

哈雷有许多有意思的绰号。因为他出色地绘制了南天星图，当时的英国皇家天文学家弗拉姆斯蒂德便叫他"南天第谷（Our Southern Tycho）"。第谷是丹麦天文学家，他用肉眼精确测量了北天777颗恒星的位置，并独具慧眼地发掘出了后来成为"星空立法者"的开普勒。弗拉姆斯蒂德也以观测精确著称，第谷自然成为他心中至高的偶像。22 岁的哈雷竟被性格严肃刻板的弗拉姆斯蒂德毫不吝啬地冠以如此称谓，其天文才华可见一斑。

可是，几十年后，哈雷从弗拉姆斯蒂德那里得到了另一个性质完全不同的绰号："雷霉儿(Raymer)"。

说起来，弗拉姆斯蒂德和第谷确实有很多共同点。第谷发掘了开普勒，而在某种意义上，弗拉姆斯蒂德发掘了哈雷。格林尼治天文台初建时，弗拉姆斯蒂德作为被指定的天文台第一任台长，曾到牛津大学去选助手。当时正在上大二的哈雷在同龄人中脱颖而出，从此逐渐成为公众的焦点，弗拉姆斯蒂德功不可没。

可是，随着时间推移，弗拉姆斯蒂德发现他和哈雷的性格交集太少，再加上哈雷才华横溢，在公众影响力方面弗拉姆斯蒂德只能是自叹不如。弗拉姆斯蒂德出于嫉妒，以及对"认真严肃的学者"概念根深蒂固的认同感，使他难以容忍哈雷，于是大肆诽谤，致使二人反目成仇。与此同时，弗拉姆斯蒂德仍以第谷自况，他觉得自己的境遇和第谷简直有异曲同工之妙。第谷也有个针尖对麦芒型的冤家，叫 Raymers。但弗拉姆斯蒂德毕竟不好以此自夸，他只好说他的冤家哈雷是 Raymers 第二，简称 Raymer。

而现在，人们谈及哈雷，多不直呼其名，而是叫他"彗星男(The Comet Man)"。当然，在一些书中，我们还可以看到，哈雷还拥有着"潮汐王子(Prince of Tides)"、"地球物理学之父(Father of Geophysics)"等美誉。

这些绰号的背后是一段段故事，每一段都是那样的耐人寻味。

知识链接

我的未来不是梦

■ 奇人王锡阐

王锡阐（1628—1682），字寅旭，又字昭冥，号晓庵，又号余不、天同一生，江苏吴江人，天文历算学家。生当明末，虽仅 17 岁却极富爱国之情，时值清军南下，弘光政权覆灭，江南各地纷起抗清，他以投河自尽表示尽忠明朝。遇救之后，他又绝食七日，后来虽因父母强迫，不得已而复食，但从此放弃科举，隐居乡间，以教书为业。"……誓不仕清，加入明遗民圈子，曾与吕留良、张履祥等在江苏讲授廉洛之学"。

王锡阐对天文历算的嗜好，始于青少年时代，那时由西方传入中国的天文学有两路：一路由耶稣会士利玛窦、汤若望、南怀仁等传入，立于明清官学；另一路由与汤若望同时入中国传教的穆尼阁在民间传播，传其学于山东淄川薛凤祚。先后行用的中、西两种历法，因其中原理深奥，一般人不经专门传授，难以掌握。他却能"无师授自通大意"，学贯中西，独树一帜，成为与梅文鼎、薛凤祚齐名的清初天文历法三大家。

王锡阐曾说自己："与人相见，终日缄默，然与论古今，则纵横不穷，家贫不能多得书，得亦不尽读，读亦不尽忆，间有会意，即大喜雀跃"。朋友则说他"诸割圆勾股测量之法，他人所目眩心迷者，锡阐手画口谈，如指黑白。每言坐卧尝若有一浑天在前，日月五星横行其上，其精专如是。"又说他："为人孤介寡合，古衣冠，独行踽踽，不用时世一钱。"正因为如此，王锡阐一生穷困，即便在这种境遇下，王锡阐仍念念不忘天文研究工作。

明朝末年，中国传统历法一直沿用的代数体系已过了顶峰阶段，依据实际行用已 300 余年的大统历所作的天象预测经常出现较大的误差。此时,耶稣会传教士东来,传入了欧洲的天文数学知识。这些方法具有较高的精确度,运用了对中国人来说还是十分陌生的三角几何学、明确的地球概念及相应的仪器,因此对中国的上层知识分子产生了重大影响。历局徐光启本着先译西法,再"熔彼方之材质、入大统之型模"的设想,主持了《崇祯历书》的编译工作。当时参加这项工作的有龙华民、邓玉函、汤若望、罗雅谷等传教士,他们在这部书中系统地介绍了欧洲的古典天文学。此书完成时,因徐光启已去世,"入大统之型模"的主张未能实施。同时由于守旧官僚的反对,《崇祯历书》在明覆灭之前始终未被正式颁行。直至清初,经由汤若望的删改,它才以《西洋新法历书》之名被清政府采用,并于其后盛行于世,成为中国学者研究西法的范本。

西法在中国翻译之时,距哥白尼《天体运行论》的发表已近 100 年。在当时的欧洲,日心说正被越来越多的人所接受。然而受耶稣会的性质所限,传教士对中国人介绍的是罗马教廷坚持的地心说。只不过他们选择了测算相对精密的第谷的折衷地心说,并于同时介绍了大量托勒密古典地心说的内容及一部分不涉及宇宙理论的哥白尼的观测结果。由于师承众手,这部书不免有许多错误和漏洞,但其时整个中国学术界对欧洲天文学发展的了解处于闭塞状态,于是西法被很多人认作是"可二三百年不易之法",且"向之异议者亦诎而不复争矣"。正是在这种形势下,王锡阐从了解中、西历法入手开始了他对历法的研究。在王锡阐的著作中,《大统历法启蒙》详细介绍了这部曾行用于世的最后一个传统历法的计算方法;《历表》为上述计算的数据表格;《西历启蒙》则当为一部同样性质的、介绍《西洋新法历书》的著作。正因为对中、西历法有比较多的认识,王锡阐对两种历法的见解才显得言之有据,并且受到了更多的重视。

在王锡阐的天文学研究工作中,一个比较突出的与众不同之处是他对中、西历法的评论及对西法的批评,这些评论和批评主要见于《历说》、《历策》、《晓庵新法序》和《五星行度解》。对中、西历法,他总的看法是,大统历年久失修,积弊甚多,不能不加以改革。如他在《晓庵新法序》中所说:

"守敬治历,首重测日,余尝取其表影,反复步算,前后抵牾。余所创改,多非密率,在当日已有失食失推之咎。况乎遗籍散亡,法意无征,兼之年远数盈,违天渐远,安可因循不变耶?"而西历虽然在精确度、几何方法、交食计算等方面胜过中历,仔细探究,它仍然存在着许多错误和矛盾之处,必须一一辨明,才能求得理数之本:"吾谓西历善矣,然以为测候精详可也,以为深知法意未可也;循其理而求通可也,安其误而不辨,不可也。"从这点出发,王锡阐对西历从定气注历、时间制度、周天度之划分、置闰、冬至太阳位置、回归年长度变化、岁差变化、日月远地点、行星远日点移动、日月视径及视差、白道、太阳光径与实径、交食时刻、五星运动模式等历法的各个方面提出了批评,这些批评虽然不尽正确,但多数都确有根据,显示了作者在钻研西法上所花费的功力。例如,节气的划分,西历惯用定气,即太阳沿黄道每行 15 度为一节气。而中历注历惯用长度为 1/24 回归年的平气,并于计算交食时使用考虑了日行不均匀的定气。中历将两种制度并行,本无不合理之处,西人却"直以佛己而讥之",以为中历节气有两天的误差,这是没能理解中历原理的缘故。再如西历的交食计算有许多优点:"推步之难,莫过交食,新法于此特为加详,有功历学甚巨。"但实测时仍能发现西历的推算有很多不准确之处,王锡阐指出,这是因为西历的预测在交食时刻、食分及计算表格等方面都存在着缺陷。还有,按照第谷体系,行星以太阳为心绕转,太阳又以地球为心绕转。然而,"及推岁轮、均轮诸术,似五星天仍以地心为心,岂非自畔其说?"由于第谷生前未能按其宇宙模式完成系统的行星运动理论,因此《西洋新法历书》中除了火星的计算图形体现了行星以日为心,其余仍采用了原有的、行星围地绕转的模型。王锡阐的批评可谓一语中的。

康熙四年(1665),由于主张"宁可使中夏无好历法,不可使中夏有西洋人"的杨光先的指控,传教士汤若望钦天监官职被罢黜,杨光先被任为钦天监监正。他上任后决定重新选定历法,提出博访草泽中"博学有心计之人,与之制器测候"。王锡阐为此作《历策》陈述自己的观点。该文特别引人注意的是他对"西学中源"说的论证。虽然这一当时不少人赞同的学说

并不是王锡阐首创，而且文中所举数例只说明了西历以几何方法描述的
天文现象，中历同样可以代数方法描述，并不能证明西法确实源于中法，
但由于王锡阐是一位很有影响的天文学家，他的这番论证必然会对人们
产生一种误导，这也反映了那个时代的学者在认识上的局限性。

　　既然中历需要加以改进，西历又有许多不足，王锡阐便重提徐光启译
书之初"熔彼方之材质，入大统之型模"的主张，并决定将其付诸实施。为
此他"兼采中西，去其疵类，参以己意，著历法六篇"。这就是王锡阐最重
要、最具代表性、而且后来被收入《四库全书》的著作——《晓庵新法》。

　　《晓庵新法》的第一卷和第二卷介绍的是作为天文计算基础的三角函
数知识和基本天文数据。第三卷讲述朔、望、节气时刻、日、月、五星位置的
计算。第四卷讨论昼夜长短、晨昏蒙影、月亮和内行星的盈亏现象，以及
日、月、五大行星的视直径。第五卷求日食计算所需之视差和日心、月心连
线的方向（后者称为"月体光魄定向"，用于日、月食方位的计算）。第六卷
为日、月食预测及金星凌日、五星凌犯之推算。

　　纵观全书，《晓庵新法》有两个特点引人注目，一是尽管王锡阐对西法
有很多批评，这些批评在《晓庵新法》中也有所体现，但该书计算的主要依
据仍然是西方的三角几何知识和小轮体系，只不过全书没有给出一张几
何图形，度数划分采用的是中国古代和王锡阐自己创造的体系，书中使用
的天文学名词也有许多来自传统历法。这一特点向我们揭示：王锡阐对
中、西历法所作之会通，可以说主要就是以传统方式表述西历之计算。《晓
庵新法》的第二个特点是有一些重要创新。像后两卷的"月体光魄定向"、
金星凌日及五星凌犯的计算均为王氏首创或首次引入。其中月体光魄定
向还为清政府编于 1722 年的《历象考成》采用。与《晓庵新法》一样可以反
映王锡阐接受西法之方式的，是他的另一部著作《圆解》。据研究，明清之
际的传教士在介绍三角学公式时，有些只是"但举其用而不详其理"，因此
一些天算家在广泛应用这些公式的同时，力图从理论上对它们加以证明。
王锡阐在《圆解》中就给出了对平面三角学中两角和、差的正弦、余弦公式
的证明。这些证明涉及的多数数学概念都传自西方。在书中，王锡阐一方

我 的 未 来 不 是 梦

面受《几何原本》的影响,对所用到的数学名词和概念首先加以定义。另一方面,他又按中国古代数学传统,不用《几何原本》中一系列关于"角"的名词,代之以从《周髀算经》中发展而来的"折"的概念。这说明王锡阐在接受西洋方法的同时,也有坚持传统的一面。

《五星行度解》是王锡阐一部讨论行星运动理论的著作。书中采用了第谷的模型,但稍有变化。并且与第谷体系行星绕日均自西向东不同,在王锡阐的著作中,金、水两星在自己的轨道上自西向东转,土、木、火三星则自东向西绕转。鉴于第谷体系没有统一的计算方法。王锡阐还在上述模型的基础上,导出了一组计算五星视行度的公式。

除了计算五星位置,王锡阐可能是受西历中"太阳于诸星如磁石于铁,不得不顺其行"这一思想的启发,在《五星行度解》中还以引力解释了行星运动的原因:"历周最高、卑之原,盖因宗动天总挈诸曜,为斡旋之主。其气与七政相摄,如磁之于针,某星至某处,则向之而升,离某处,则违之而降。升降之法,不为直动,而为环动。"尽管王锡阐错误地把引力源归于最外层没有任何天体的"宗动天",然而这却是西法传入后,中国学者以引力解释行星运动物理机制的第一次尝试。

王锡阐一向重视以天文观测验证步历理论。后人记他:"每遇天晴霁,辄登屋,卧鸱吻间仰察星象,竟夕不寐。"去世前一年,在《测日小记序》中,他也说自己:"每遇交会,必以所步所测,课较疏密,疾病寒暑无间。年龄渐迈,血气早衰,聪明不及于前时,而矻矻孳孳,几有一得,不自知其智力之不逮也。"在王锡阐所作的多次观测中,唯有康熙二十年(1681)日食留下了较详细的记录。这次日食前,他作有《推步交朔序》,并将自己及中、西历的测算备陈于后。交食发生时,他与徐发等以五家方法同测,而己法最密。《测日小记序》即作于这次观测后。在文中,他述说了自己毕生的观测心得,其中有许多很有价值的经验之谈。

对于王锡阐的天文学研究,同时代人评价甚高。他与当时北方的历算名家薛凤祚被并称为"南王北薛"。与王锡阐交谊甚笃的顾炎武,十分推崇他的天文学造诣,曾作《广师》一文,文中有:"学究天人,确乎不拔,吾不如王寅旭"之句。天文数学大家梅文鼎亦说："历学至今日大著,而能知西法复自成家者,独青州薛仪甫,吴江王寅旭两家为盛。薛书授予西师穆尼阁,王书则于历书悟入,得于精思,似为胜之。"对于未能早知其人,同他深研此学,梅文鼎深感惋惜。

限于当时条件,王锡阐未能接触到欧洲天文学的最新发展,他会通中西,以求得更好的历法的尝试,虽然不可能获得真正的成功,但其出色的研究才能、对中、西历法精深独到的见解以及一生致力于探求数理之本的努力使他在明清天文学史中占有一席重要地位。他在接受西法时采取的与众不同的方式也引起了现代研究者广泛的注意。

王锡阐一生以志节自励,忍饥挨饿,不出远门,几十年如一日。晚年的王锡阐贫病交加,当他的朋友吕留良来看他时,连粗茶淡饭也招待不起,只有拿出自己的诗篇来作招待。

康熙二十一年(1682)王锡阐在贫病交加中去世,时年55岁。其中代表王锡阐在天文、数学方面主要成就的有《晓庵新法》、《五星行度解》、《圜解》等著作。

由于没有子嗣,其学问高深莫测,学生中没有人能够传承,加之他刻意复古,著作都用篆体字写成,人们大多不能认识,所以遗稿散失很多。直至几年后,弟子潘耒返回故里,才搜集其幸存的50余种遗稿,出版刊行。这些遗作中,与天算有关的有:《大统历法启蒙》、《历表》、《历说》、《晓庵新法》、《历策》、《五星行度解》、《日月左右旋问答》、《推步交朔序》、《测日小记序》及4封与薛凤祚、万斯大、朱彝尊、徐发讨论天文学问题的书信。后来又有研究者在数学史家李俨先生的藏书中发现了已佚失多年的《圆解》抄本一册。此外,王锡阐的著作仅存篇名的还有:《西历启蒙》、《三辰晷志》、《丁未历稿》等。

以"天下兴亡,匹夫有责"著称的清初爱国学者顾炎武,是王锡阐的挚友,他曾列出朋友中有过己之处者10人,王锡阐列为第一;但他没有能力评价王氏的天文历法成就。至梅文鼎始将他与天算名家薛凤祚并称"南王北薛",并认为王氏识见在薛凤祚之上。1799年阮元撰《畴人传》又将王锡阐与梅文鼎并提,评论王氏精核,梅氏博大,各自登峰造极,不分高下。近代学者梁启超称赞王锡阐与梅文鼎首先冲破西洋新法的迷信,唤醒中国学者的觉醒意识与独立精神,所以清代治天文历算的学者必称"王梅"。1998 年在王锡阐诞辰 370 周年纪念活动期间,中国科学院路甬祥院长题词"锡阐天问学贯东西,晓庵新法书传古今",高度概括了王锡阐一生的主要成就及其深远影响。

概括王锡阐,许多人不约而同地动用了两个字:奇人。事实上,他的一生写满了传奇,他在天文学方面的独到成就同样可以提供佐证。

逐梦箴言

王锡阐是奇人,也是怪人。无论做奇人还是当怪人,他都有理有据。我们着意学习他刻苦钻研学问的同时,也不妨思量一下他做人的得与失,想必会有心得。

知识链接

简说《四库全书》

《四库全书》是乾隆皇帝在"文字狱"的背景下亲自组织的中国历史上一部规模最大的丛书。1772 年开始,经 10 年编成。丛书分经、史、子、集 4 部,故名四库。据文津阁藏本,该书共收录古籍 3503 种、79337 卷、装订成 36000 余册,保存了丰富的文献资料,但编纂过程毁书则更多。"四库"之名,是初唐官方藏书分为经史子集 4 个书库,号称"四部库书",或"四库之书"。经、史、子、集四分法是古代图书分类的主要方法,它基本上囊括了古代所有图书,故称"全书"。

天上有颗"中华星"

1928 年 11 月 22 日夜，美国叶凯士天文台里突然爆发出一阵欢呼声。那是一位中国小伙子兴奋的喊声——两年前,他发现了一颗星,他判断那应当是一颗从未有过记录的新行星,这让他异常兴奋。然而那颗星似乎有意挑战他的耐心、考验他的毅力,竟和他玩起了捉迷藏的游戏,转眼便溜出了他的视野,自此再未现身。为了与它再次谋面,以便做好记录,这个小伙子从未睡过一个好觉、吃过一顿安稳饭, 始终守候在天文望远镜边,"为伊消得人憔悴"。真是"工夫不负有心人",多少个不眠夜过后,他终于与这颗久违了的星重逢,这是多么激动人心的事情、多么让人快意的时刻! 这位发出惊呼的年轻人,就是我国著名天文学家张钰哲。

机不可失, 这次, 早有准备的张钰哲终于用相机镜头捕获了它的倩影,由此,他也终于认定,他发现的,的确是一颗从未有过记录的新行星。张钰哲的发现,很快就得到了"国际行星中心"的认可。依照国际惯例,发现者有权为它命名。身处异国他乡的张钰哲思绪万千:在我国古代,天文学成就遥遥领先于世界各国,只是到了近代,才落后于西方,以行星为例,浩瀚的天空中竟没有一颗是中国人发现的。如今,中国人发现了行星,自然要打上中国的烙印。不用太多思量,一个寄托了太多情感内涵、尤其是发现者爱国热忱的名字让张钰哲脱口而出:中华星! 就这样,中国人自己发现的第一颗小行星——第 1125 号小行星从此闪耀在宇宙之中。那一年,张钰哲 26 岁。

张钰哲,出生在福建闽侯县城一个职员的家庭。他两岁丧父,家境贫寒。艰难的世道,磨炼出他坚毅顽强的性格。他勤奋学习,刻苦钻研,成为学校里品学兼优的学生,无论在小学还是中学毕业的考试中,他始终名列前茅。1919 年他又以优异的成绩考取了清华大学留美预备班。

张钰哲多才多艺,他热爱文学,擅长美术。但他更希望发展祖国的工业。为此他攻读机械工程。然而在同学的宿舍里,他偶然发现了一本普通的天文科普读物小册子却改变了他的一生,也改变了中国天文事业的进程。在那本小册子里,他了解到了中国天文学的过往和现状,这唤起了他投身天文事业,为中国天文事业做出贡献的雄心壮志。

1923 年,张钰哲来到美国求学,经过一番深思熟虑之后,他毅然选择投考了芝加哥大学天文系。经过几年的努力,他发现了"中华星",为中国的天文事业争得了荣誉,他的名字如同一颗升起的新星传遍了整个世界。

1929 年夏,张钰哲获芝加哥大学天文学博士学位。他放弃了美方提供的优厚报酬,轻装返回祖国。从此在这块生他养他的土地上,与中国的天文事业结下了不解之缘。

张钰哲回国后,受聘于南京中央大学物理系教授,讲授天文学、天体物理学和天体力学等课程,同时被中央研究院天文研究所聘为通信研究员。回国之前,他参观访问了美国洛威尔天文台、立克天文台、威尔逊天文台和加拿大维多利亚天文台,还搜集了不少天文学教科书、仪器样本、天文照片和教学幻灯片等资料。这为他与同行们日后从事天文学研究提供了很大方便。张钰哲回国之初,我国进行天文观测的条件很差,他一面担任大学教授,一面勤奋地自制天文望远镜,从国外购买光学玻璃,在学校地下室的小屋内自己动手研磨光学镜面。后来,他和李珩被派往苏联西伯利亚观测日全食,使用的仪器中有些就是张钰哲研制的。尽管天阴观测未成功,但为后来的日全食观测积累了经验。

1932 年 9 月 10 日,正在南京紫金山天文台服务的张钰哲,受台长余青松的派遣,到北平将安放在古观象台上的 4 架古天文仪器抢运至南京,以免落入日本人之手。

安放在北平古观象台上的 4 架古仪器,是我国的传世之宝,也是世界上罕见的古雕铸珍品。其中的两件——天象仪和圭表,曾遭八国联军的劫难,几经周折才完璧归赵。张钰哲深感肩上担子的沉重,无论如何也要把国宝抢回来。他下定了决心,誓与国宝共存亡。

到了北平,他顾不得歇息,直奔古观象台,令人将天象仪和圭表装入木箱内,然后运送到火车站,通过铁路运往南京。剩下的浑天仪和简仪分别重 8 吨和 7 吨,张钰哲跑遍了整个北平城,都找不到一辆可以运载它们的车辆。根据南京政府的密令,一旦北平危急,即将这两座古宝炸毁,决不能落入日本人手。奔波了一天的张钰哲回到古观象台时,看到全副武装的士兵正在筹划着炸毁仪器。他一个箭步冲上去,又手抱住了浑天仪,热泪夺眶而出,口里重复着一句话:"等等,等等,你们要相信我……"此时,他的心像撕裂了一样疼痛。急切之中,他猛然想起了光绪年间浑天仪自钦天监紫微殿移到观象台,经过了解,原来是在严冬季节,沿途百姓泼水成冰,100 多个壮汉将仪器前呼后拥着自冰道上推过来的。

第二天清晨,张钰哲叫来几十名工人。在两座古仪的底座下垫起了一排整齐的圆木杠,在一声声的吆喝中,两架古仪一寸一寸地移向大门口……移到前门车站。6000 米的路程,竟用了整整 3 天的时间。

5 天以后,4 具国宝安全抵达南京。

1937 年 8 月 11 日,张钰哲测得一项重要的太阳活动预报:1941 年 9 月 21 日将有日全食带进入我国新疆。据张钰哲的测算,日食带将经甘肃、陕西、湖北、江西,最后从福建北部入海。后来,经英国格林尼治天文台证实,张钰哲率先测报的 1941 年 9 月 21 日在我国出现的日全食,是全球 400 年来罕见的天文奇观,其观赏价值和学术价值都超过了以往任何一次。

为了观测这次奇观,有关部门进行了周密的部署。1940 年 1 月,中国日食观测委员会宣告成立,并购买仪器,绘制地图,安排交通给养,确保观测的顺利进行。同年 4 月,中国日食观测队成立,张钰哲任队长,亲自带队到昆明集训。当时正值太平洋战争爆发的前夕,日军加紧了对香港及我国东南沿海地区的轰炸。观测队自德国购进的观测镜被日军炸毁,由于时间急迫,再次从国外进口仪器设备已经没有可能。张钰哲急中生智,将一架6寸口径摄影望远镜头取下,配上自制的木架,外蒙黑布以代镜筒,另以24寸反光望远镜底片匣附于其后,用以摄取日冕图像。在中央大学、金陵大学和测量总局的大力协助下,总算配齐了必需的设备。

根据预测的情况,1941年在我国出现的日食带,其覆盖地区大部分已沦为敌占区,所剩可观测的地区寥寥无几。这些地方随时都会遇到日军飞机的狂轰滥炸,随时都有生命危险。张钰哲深知这次观测意义的重大,这是我国进行的第一次有组织的现代日食观测,其记录将对世界天文科学产生深远的影响。为了使中国的天文事业跨入世界强国的行列,张钰哲再次迎难而上。

张钰哲选定甘肃临洮县为观测地。1941年6月29日,张钰哲率领观测队全体成员携带仪器设备,乘坐一辆军用卡车开始了3000千米的行程。汽车行至重庆附近,遇到27架日机的轰炸。所幸的是,观测队的成员无一伤亡。

经过6个星期的颠簸行程,观测队于8月13日抵达临洮。在当地军民的大力支持下,观测队在泰山庙戏台前的广场上建起了临时观测点。在安装调试仪器的日子里,观测队共遇日机空袭25次。

9月21日9时30分,全球瞩目的日全食初亏终于出现了。当时晴空万里,但见月亮的黑影从西侧开始侵入太阳。40分钟后,太阳被"吃掉"了1/3,天空也逐渐昏暗,气温下降。又过了半个多小时,太阳整个被"吃掉"了,月球遮住了整个日轮。又过了一会儿,全食的四周辐射出万道金光,"日冕出现了!"在场群众欢声雷动。10时59分,太阳开始生光,万物恢复到原来的状态。张钰哲和他的队友们观测和捕捉到珍贵的天文资料170多项,共摄得照片200余张,"五彩"影片20卷,重庆中央广播电台将实况通过无线电波转播到世界各地。

这次日食现象,历时3分钟,与张钰哲所预测的情况完全吻合。在中华民族遭受外国侵略之时,在中国本土上进行的这次成功的有组织的日食观测,其意义早已超出了"天文"的范畴。后来,张钰哲还参加了1954年

6月30日苏联高加索酸水城日全食的观测和1980年2月16日云南日全食的观测,是我国老一辈天文学家参加日食观测次数最多的人。

抗战胜利,张钰哲无比激动,更加踌躇满志、豪情满怀。1946年,张钰哲率天文研究所回迁南京紫金山。当时,紫金山天文台在战争中遭到严重破坏,天文台最大的反射望远镜无法运转,一些仪器设备不知去向,工作难以开展。张钰哲再度赴美考察进修,了解当时世界天文学的新进展,同时推广中国在天文领域的新成就,并在一年多时间里取得重要研究成果。1948年3月,张钰哲完成了预定的考察和研究工作,准备回国。此时已近崩溃的国民党政府赖掉了原来要提供给张钰哲的回国路费。美国的一些大学盛情邀请他留下任教,但张钰哲不为所动。在他的导师樊比博教授的帮助下,张钰哲于1948年5月随美国赴浙江日食观测队回到中国。

1948年11月,中央研究院有些机构撤往台湾,张钰哲与天文研究所部分人员暂迁上海迎接解放。1949年9月,他返回南京,积极参与紫金山天文台的重建工作。1950年5月20日,张钰哲被任命为中国科学院紫金山天文台台长。除了忙碌于领导发展紫金山天文台和全国的天文工作以外,同时坚持天文观测和计算工作。

对小行星、彗星等太阳系特殊天体的研究和探索,能够提供揭示天体物质运动规律和太阳系起源演化问题的重要线索,丰富人类对自然现象的认识,特别是一些近地小行星更有探索研究和开发利用的广阔前景。经过近40年的观测研究,张钰哲和他领导的紫金山天文台行星室共拍摄小行星、彗星底片8600多张,获得有价值的精确位置数据9300多个,发现了1000余颗新小行星,并计算了它们的轨道。其中有100多颗小行星和3颗紫金山彗星获得了国际永久编号和命名权。这些观测和研究,不仅在实际观测和轨道计算的精度方面达到了国际先进水平,而且发表了一批有价值的论文,建立了太阳系天体摄动运动的动力学数值模型,编制了小行星、彗星轨道(含精确摄动)连续计算软件,提出了研究天体轨道长期演变的方法,计算研究了300余颗小行星、彗星的近期轨道和40余颗小行星、彗星的长期(百万年)轨道。张钰哲领导的这项太阳系天体的基础研究具有系统性和完整性,曾获 1978 年全国科学大会奖、1987 年国家自然科学奖二等奖。

1957 年,在世界上第一颗人造卫星发射之前,张钰哲和张家祥合作,应用天体力学基础理论研究人造卫星轨道,发表《人造卫星的轨道问题》论文,从理论上探讨了地球形状和高层大气阻力对人造卫星轨道的摄动影响。其理论在之后的实测结果中得到验证,成为我国人造卫星运动理论的经典文献。60 年代初期,张钰哲又领导开展月球火箭轨道的研究,发表了《定点击中和航测月球的火箭轨道》专题论文。1965 年,张钰哲率领有关人员参加我国第一颗人造卫星"东方红"的论证工作,研究解决卫星轨道的设计方案、地面观测网布局、最佳发射时刻的选择、跟踪观测和测轨预报方案,对"东方红"卫星的发射成功起了重要作用。之后对我国第一颗赤道同步卫星在地球非球形引力场中的各种摄动,在张钰哲领导下提出了定性定量的研究成果,写出了《关于赤道同步卫星轨道的研究成果》,这是我国第一篇较全面详细地研究赤道同步卫星的论文。

张钰哲在中国天文学史的研究上做了许多工作。1977 年,张钰哲以 75 岁高龄,研究了哈雷彗星轨道演变趋势和它的古代历史,考虑九大行星摄动,对中国历史上早期哈雷彗星记录作了分析考证,提供了几个有关年代学问题的解决线索。1978 年,他在《天文学报》上发表论文《哈雷彗星的轨道演变趋势和它的古代历史》。1982 年又在他的著作《哈雷彗星今昔》一书中加以阐述。他认为,假若武王伐纣之年所出现的彗星为哈雷彗星,则这一年是公元前 1057 至前 1056 年。这一研究成果对中国夏商周断代史的研究提供了重要线索,同时也引起世界天文界的关注。

张钰哲为紫金山天文台的发展、为中国各天文台站的建设、为中国天文学走向世界都付出了极大的心血。在张钰哲的直接领导下,紫金山天文台在新中国成立后开拓和创建了小行星、彗星观测研究、太阳物理、恒星物理、天文年历编算、天文仪器研制、毫米波射电天文、空间天文等分支学科,逐步发展成为一座以天体物理学和天体力学为主要研究领域的综合性天文台,在国内外享有较高声誉。

张钰哲为上海、北京、云南、陕西等天文台和南京天文仪器厂的建设尽心竭力,并积极支持南京大学和北京师范大学天文系的教学。新中国建立初期,张钰哲抽调骨干参与收回和发展上海徐家汇观象台和佘山天文台,全面整顿和发展了我国的时纬工作。1956 年后,张钰哲参与制订全国科技发展规划,草拟了 60 年代天文学发展蓝图。1957 年,张钰哲为在北京建立以天体物理学为主的天文台,主持选址决策和踏勘工作,坐汽车,骑毛驴,爬高山,过峡谷,不辞辛苦。1958 年,筹建南京天文仪器厂。1962 年,张钰哲在广州向聂荣臻同志申述北京天文台选址中的问题,得到妥善解决。

在张钰哲的推荐下,紫金山天文台一批骨干参与了上海天文台、北京天文台、云南天文台和南京天文仪器厂的建设工作以及北京天文馆的筹建,并成为各单位的中坚。在各天文台(厂)发展粗具规模后,张钰哲认为再由紫金山天文台继续领导上述单位,将有碍它们积极性的发挥。1962 年起中科院直接领导北京天文台和上海天文台,其他台厂也相继成为中科院直接领导的独立建制单位。因长期积劳成疾,1963 年张钰哲在北京医院作胃切除手术。即便如此,他亦作诗一首:"百战艰难拼汉血,三山摧毁坐观成。步天测度原无补,病榻栖迟负国恩",感慨自己坐观革命,而又测天无补,栖迟病榻。

1980 年,张钰哲以 78 岁高龄,率领一支专家队伍到青海柴达木盆地,登上海拔 4800 米的昆仑山口,为我国建立第一座大型毫米波射电望远镜观测站选址。3 年后,他又前往根据他的建议于 1958 年设立的乌鲁木齐人造卫星观测站视察。

国际事务中,从新中国成立初期到病逝前,张钰哲积极促进中国天文学的国际交流与合作,代表中国天文界参与各种国际活动。50 年代,他多次出访前苏联,了解其在变星、太阳、小行星等方面的研究,并发表多篇有见地、有影响的学术文章。这些对制定我国天文学发展规划颇有影响。1972 年以后,张钰哲以中国天文学会理事长的身份,多次参与恢复中国天文学会在国际天文联合会中合法地位的谈判。1979 年在加拿大的第十七届国际天文联合会大会上,张钰哲与叶淑华、赵先孜、易照华、洪斯溢等一起,为恢复我国天文学会在国际天文联合会中的合法地位作了有决定意义的努力。1984 年,他以 82 岁高龄再度应邀访问美国,在哈佛天体物理中心作题为《今日中国天文台》的报告。

张钰哲毕生致力于天文学研究。研究领域涉及小行星、彗星、日食、恒星天文、航天和中国天文学史等方面,先后发表论文、报告、专著 90 多篇。在其从事天文工作 55 周年之际,一副精巧的贺联表达了他的学生和同事们对他的高度评价和良好的祝愿:测黄道赤道白道,深得此道,赞钰老步人间正道;探行星彗星恒星,戴月披星,愿哲翁成百岁寿星。

从 1928 年发现"中华星"起,到 1986 年病逝,在半个多世纪中,张钰哲又陆续发现了"中国星"、"紫金山一号"、"紫金山二号"等 400 多颗在星历表上没有记载的新星,在它们当中,有 81 颗得到了国际行星中心的编号命名。张钰哲一生著作甚多,发表论文 101 篇,出版专著、译作 10 部。国际天文学界为了纪念他,将美国哈佛大学天文台 1976 年 10 月 23 日发现的一颗新星命名为"张钰哲星"。

张钰哲为中国的天文事业倾尽了毕生的心血,也取得了骄人的佳绩。他无疑是颗"中华星",在中国天文学史上显现着夺目的光芒,因其超群的贡献,注定持久闪耀。1986 年 5 月 5 日,《人民日报》为张钰哲发表了专题短评,称他是一颗 "永不熄灭的星"。

逐梦箴言

人生在世,可爱之事物极多,然而"爱"也有大、小之分,高、低之别。爱,所产生的能量、动力,有时真的会意想不到,因为它往往能促成奇迹,更可以作为我们向上、向前的指路明灯。张钰哲先生一生爱国,正是因为心怀这一大爱,才使他具有了献身精神,从而一往无前、勇往直前,成就梦想,实现人生价值。

知识链接

紫金山天文台

中国科学院紫金山天文台,是我国最著名的天文台之一。始建于 1934 年,建成于 1934 年 9 月,位于南京市东南郊风景优美的紫金山上。紫金山天文台是我国自己建立的第一个现代天文学研究机构,前身是成立于 1928 年 2 月的国立中央研究院天文研究所,至今已有 80 多年的历史。紫金山天文台的建成标志着我国现代天文学研究的开始。中国现代天文学的许多分支学科和天文台站大多从这里诞生、组建和拓展。由于她在中国天文事业建立与发展中作出的特殊贡献,被誉为"中国现代天文学的摇篮"。

我的未来不是梦

● 智慧心语 ●

1.一个人只有以他全部的力量和精神致力于某一事业时,才能成为一个真正的大师。因此,只有全力以赴才能精通。

——爱因斯坦

2.由百折不挠的信念所支持的人的意志,比那些似乎是无敌的物质力量具有更大的威力。

——爱因斯坦

3.在一个崇高的目的支持下,不停地工作,即使慢,也一定会获得成功。

——爱因斯坦

4.坚持意志伟大的事业需要始终不渝的精神。

——伏尔泰

第三章

胸有壮志

◎导读◎

　　人生在世，什么都可以缺失，除了志向，或曰"理想"。有了志向的导引，我们才不会轻易迷失方向、迷失自我；失了志向，只能浑浑噩噩、无所事事。前者让我们感悟到人生的意义与价值，而后者，只能让我们空虚而终老，至死一无所得。从现在起，你要树立起属于自己的奋斗目标，并为之努力拼搏吧。

名僧一行

僧一行,本名张遂,魏州昌乐(今河南省南乐县)人,一说巨鹿人,唐功臣张公瑾之曾孙。其时武则天之侄武三思炙手可热,慕其学行,为赢得"礼贤下士"的美名就有意拉拢他,张遂不愿为之所用,又怕因此而遭到迫害,于是逃到河南嵩岳寺剃度出家,取法名为"一行"。他是唐代杰出天文学家,在世界上首次推算出子午线纬度一度之长,编制了《大衍历》。

一行少年时代即显现过人的聪敏,博览经史,博闻强记,尤精于天文、历象、阴阳五行之学。据《旧唐书·本传》载,时年 20 的一行,得京都著名道人尹崇所送一本西汉扬雄所著的《太玄经》,很快即通达其旨,写出《太衍玄图》、《义诀》各一卷,阐释晦涩难懂的《太玄经》,为尹崇所推崇,称"此后生颜子也",从此名声大振。21 岁皈依佛门后又隐于嵩山,跟随嵩山的北宗禅普寂禅师习禅。后遍历天下,访求奇门异术,同时,修天台学。

神龙元年(705),武则天退位后,李唐王朝多次召他回京,均被拒绝。

开元五年(717),玄宗强行征诏一行入京,受到玄宗的特别优待。

开元九年(721),据李淳风的《麟德历》几次预报日食、月食的时间不准,玄宗命一行主持修编新历。从此,一行就开始专门从事天文历法的工作。

一行主张在实测的基础上修订历法。开元十一年(723),根据测定星体位置的需要,一行与率府兵曹参军梁令瓒等人制成了黄道游仪、"水运浑天仪"。这台仪器既可以用来测定每天太阳在天空中的位置,也可以用来测定月亮和星宿的位置。同年,一行和梁令瓒等人在继承张衡"水运浑象"理论的基础上又设计制造了"水运浑天仪"。水运浑天仪上刻有二十八宿，注水激轮，每天一周，恰恰与天体周日视运动一致。水运浑天仪一半在水柜里，柜的上框，"有如地则自然撞钟"。整个水运浑天仪既能演示日、月、星辰的视运动，又能自动报时。这是世界上最早的计时器，比外国自鸣钟的出现早了600多年。一行等人的成就又超过了张衡。一行组织了一批天文工作者利用这两台仪器进行天文观测，取得了一系列关于日、月、星辰运动的第一手资料。

开元十二年(724)，一行根据修改旧历的需要，又组织领导了我国古代第一次天文大地测量，也是一次史无前例、世界罕见的全国天文日影测量工作，实际上这就是对地球子午线的测定，这是一行在天文学上最重要的贡献。他在全国选择了12个观测点，并派人实地观测，自己则在长安总体统筹指挥。其中负责在河南进行观测的南宫说等人所测得的数据最科学和有意义。他们选择了经度相同、地势高低相似的4个地方进行设点观测，分别测量了当地的北极星高度，冬至、夏至和春分、秋分四时日影的长度，以及四地间的距离。最后经一行统一计算，得出了北极高度差一度，南北两地相距351里80步(即现在的129.2千米)的结论。这虽然与现在1度长111.2千米的测量值相比有较大误差，但这是世界上第一次用科学方法进行的子午线实测，在科学发展史上具有划时代的意义。中国科技史专家李约瑟就曾评价一行组织的子午线长度测量是"科学史上划时代的创举"。在经过几年的天文观测及准备工作后，于开元十三年(725)才开始编历。他用两年时间写成历法草稿，并定名为《大衍历》。

《大衍历》以刘焯的《皇极历》为基础，并进一步发展了《皇极历》。《大衍历》共分为7篇，即步中朔术、步发敛术、步日躔术、步月离术、步轨漏术、步交会术、步五星术。《大衍历》发展了前人岁差的概念，创造性地提出了计算食分的方法，发现了不等间距二次内插法公式、新的二次方程式求和公式，并将古代"齐同术"(通分法则)运用于历法计算。

开元十七年(729)，《大衍历》颁布实行，并一直沿用达800年之久。经验证，《大衍历》比当时已有的其他历法，如祖冲之的《大明历》、刘焯的《皇极历》、李淳风的《麟德历》等要精密、准确得多。《大衍历》作为当时世界上较为先进的历法，相继传入日本、印度，在这两国也沿用近百年，极大地影响了这两个国家的历法。

除编定《大衍历》及其附属功绩外，一行在天文方面作出的重大贡献还有通过长期的天文观测发现了恒星移动的现象，进一步发现和认识了日、月、星辰的运动规律，废弃了沿用长达800多年的二十八宿距度数据，并在历史上第一次提出了月亮比太阳离地球近的科学论点等。

一行在天文历法上所取得的卓越成就在人类文明史上占有重要地位，而且他所重视的实际观测的科学方法，极大地促进了天文学的发展。在他之后，实际观测就成为了历代天文学家从事学术研究时采用的基本方法，引导着学者们破解了一层层的天文奥秘。

一行在精通数学、历学、天文学方面也具有卓越的才能，有很多著作留存。撰《开元大衍历》53卷，编入《旧唐书·历志》和《新唐书·历志》中，大衍历在我国历史上的地位由此可见。另有他著《易论》十二卷，《心机算术》一卷，《宿曜仪轨》，《七曜星辰别行法》，《北斗七星护摩法》等。一行以其天文历法和数学上的成就享有崇高的威望，深得唐玄宗的信任。一行是历史上实测子午线的第一人，同时，作为《开元太衍历》的著者，是天文历算的大家，在世界历学、天文学史上给予了极高的评价，为唐代科学技术的发展做出了伟大的贡献。

一行在完成《大衍历》的同年圆寂，当时只有45岁。葬于铜人原。其过早谢世，令玄宗痛悼，叹曰："禅师舍朕！"追赐其谥号为"大慧禅师"，并亲自为禅师撰写碑文《御制大慧禅师一行碑铭》："长无暇日，日诵万文。深道极阴阳之妙，属辞尽春秋之美。"据《旧唐书·一行传》记载，玄宗"为一行制碑文，亲书于石，出内库钱五十万，为起塔于铜人之原。明年，幸温汤，过其塔前，又驻骑徘徊，令品官就塔以告其出豫之意，更赐绢五十四，以蒔塔前松柏焉"。可见朝野上下对一行非常敬仰。

一行是我国唐代杰出的天文、历法、数学家和佛学家，他的成就已成为人类共同的宝贵财富。

一个人的成功,说到底取决于被认可的范围和程度。一行为僧为俗均有不俗成就,得力于他的聪敏,更来自他的好学,二者缺一不可。这一道理,同样适用于你、我、他。

知识链接

一行捉北斗救恩人之子

唐朝高僧一行少年家贫,为一老婆婆救济,功成名就后,那老婆婆求于门前:其子因杀人入狱,求一行帮忙。这却为难了一行,老婆婆虽有恩于他,而自己又不能枉法,遂拒绝。老婆婆大怒,道其负恩,一行很苦恼,只好作法。

一行叫人在寺院空房里置放了一口大瓮,随后叫过来两人,授之以布囊,说:"某大街有一处废园,你们在中午时分潜伏其中,及至黄昏,定有东西进来。当捉到第七只时,就可以把袋子系上了。要是跑了一只,拿你们是问!"两手下同声说谨记,后潜于园中,黄昏前果有一群东西冲来,细观之,乃是猪。两手下张囊以待,正好捉了七只,献于一行。一行大喜,叫人把猪装进大瓮,加盖糊泥,题梵字于其上。

转天一早,唐玄宗紧急召见一行。唐玄宗:"太史奏报,昨夜北斗星不见,此为何兆?"一行:"北魏时火星于夜空中失其位,天下大乱,现在北斗星消失,自古以来还没有过,可能要出乱子了!"唐玄宗:"有什么办法弥补呢?"一行:"唯有大赦天下,释放一切犯人,当然也是试试看。"玄宗皇帝随之应允。当夜,北斗七星即出现一颗,随后每天多一颗,七日后全部出现,恢复正常。

在这个故事里,一行通过法术,间接地救了老婆婆的儿子。说起来,唐玄宗时,确实有过一次因出现奇异天象而大赦天下的事。难怪段成式说:"成式以此事颇怪,然大传众口,不得不著之。"可见当时该传说风行一时。

■ 独辟蹊径成就梦想

中国是世界上天文学起步最早、发展最快的国家之一，天文学也是我国古代最发达的4门自然科学之一。中国人在天文学方面屡有革新的优良历法，令人惊羡的发明创造，卓有见识的宇宙观等，在世界天文学发展史上，无不占据重要的地位。

然而，在以诗文取士的古代中国，官方是不注重经史文学以外的科技学问的，尽管这样，也无法消除古人对科学执著追求的信念，其中张作楠就是这样一位独辟蹊径的人。

张作楠是清代著名天文学家，族名兆敏，字公颖，又字让之，号丹邨，1722年生于浙江省金华市金东区曹宅镇龙山村。他不仅是金华历史上一位成绩卓著的天文学家，还是著名的诗人、学者和数学家。他的父亲麓樵山人张承侣，因年幼时体弱多病，未得卒学，于是把希望寄托在两个儿子身上。父亲几乎终日紧闭大门教授两个儿子，天天都安排课程，布置作业，无论寒来暑往，从未间断过。父亲教导小作楠，哪怕是头悬梁也要苦学知识，将来求取一份功名，让整个家族跟着扬眉吐气。

张作楠很勤奋刻苦，更理解父亲的心情，因此立志好好读书，决不辜负家人的期望。除了在诗文和数学方面颇具天赋外，在大约15岁那年，他又开始对天文学抱有极大的兴趣。课余时间，张作楠阅读了阮元的《研经室集》，可是书籍中关于推朔月、辛卯日食法，他却怎么读也读不懂。后来听说，一个朋友家中有《历象考成》一书，便无比期待地去借阅，谁料高兴而去,失望而归,因为没能借到书,小作楠竟然患了病,卧床不起。

父亲为儿子求知求学的精神所感动,可是家中并无闲钱,无法为儿子买到需要的书籍,怎么办呢?思前想后,父亲做出一个惊人的举动:卖掉二亩田地,为儿子购书!几乎所有人都来劝小作楠的父亲,说书籍不当饭吃啊,怎么能用养家糊口的田地去换取呢?有的人甚至笑作楠的父亲太傻,说小孩子的兴趣爱好不能当真,如果生存都成问题,那么光有书籍又有何意义?但张作楠的父亲笑着回应道:因为还有比这个更傻的人。而且从那以后,每年父亲都坚持拿出馆谷之半用以购书,这为张作楠将来钻研天文学提供了强有力的后盾。

书读得差不多了,可是到了赴京赶考的时候,家里已经穷得叮当响,根本无法承担他一路赶考的费用。这个时候,又有人出来笑话他们,说早劝过你们,书不能当饭吃,现在怎么样?莫不如好好种地。在这种情况下,张作楠的嫂子以大局为重,毅然拿出娘家陪嫁的首饰细软等物,帮助他踏上赶考之路。1808 年,36 岁的张作楠一路辗转,风餐露宿,终于没有辜负家人的厚爱,考取了嘉庆年间的进士,成为一名吃俸禄的官员。

做了官之后,张作楠并没有放弃读书的爱好,每年都拿出廉俸的 1/3 购书。数年如一日,等到父亲 80 岁大寿时,家里的藏书已达到 7.3 万卷,包罗万象,简直就是一个图书馆。在这个基础上,张作楠认识并接触了很多致力于数学、天文学研究的同僚和学人,通过交流,相互学习探讨,在学术上有了长足的提高。后来,他把这些交流成果记录下来,陆陆续续汇成了一部《翠微山房数学》38 卷。这实际上是一部小丛书,共 15 种:即《量仓通法》5 卷、《房田通法补例》6 卷、《仓田通法续编》3 卷、《八线类编》3 卷、《八线对数类编》2 卷、《弧角设如》3 卷、《弧三角举隅》1 卷、《揣籥小录》1 卷、《揣籥续录》3 卷、《新测恒星图表》1 卷、《新测中星图表》1 卷《新测更漏中星表》3 卷、《金华晷漏中星表》2 卷、《高弧细草》1 卷、《交食细草》3 卷。张作楠的学术成就,也被载入《清史稿》。

在常州府阳湖县任知县时,他在辖区的天宁寺内亲自主持,运用天文历算原理,结合西方的学术成果,打破传统日晷的制作方法,按常州地处的纬度设计制作了两个日晷,一为立式,一为卧式。目前我国现存的古代日晷中,采用这样的形制是绝无仅有的,因而被收入《中国古代天文仪器图录》之中。这两具日晷被放在常州天宁寺大雄宝殿前,立式的为面东西日晷,卧式的为平面日晷。两日晷分别都刻有时刻线和节气线,随着时间的推移和季节的改变,日晷上的铁针的投影随之改变,人们可以轻易地从上面了解到当时所处的时刻和季节。从面东西日晷看,其所受西学影响的角度,讨论它的做法渊源,对探讨在中西天文学交流背景下的清代日晷的发展,具有重要意义。

张作楠一生勤奋,不但在数学、天文学上取得成就,在经学、文学,搜集整理出版古人遗著倾注了大量心血,为保存先贤遗著作出了不可磨灭的贡献。

在中国古代天文学历史上,还有两位举足轻重的人物,他们分别是甘德和石申,后人把他们各自写出的天文学著作结合起来,称为《甘石星经》,是现存世界上最早的天文学著作。书里记录了 800 颗恒星的名字,其中 121 颗恒星的位置已被测定,是世界最早的恒星表。书里还记录了木、火、土、金、水等五大行星的运行情况,并指出了它们出没的规律。

甘德,战国时楚国人,也有人说他是齐国人,大约生活于公元前 4 世纪中期,齐威王、宣王的时代。当时诸子并作,云集齐国稷下,展开百家争鸣,甘德即是百家中的一家代表人物。他是先秦时期著名的天文学家,是世界上最古老星表的编制者和木卫二的最早发现者,著有《天文星占》8 卷、《岁星经》等,在恒星区划命名、行星观测与研究等方面有所贡献。甘德还以占星家闻名,是在当时和对后世都产生重大影响的甘氏占星流派的创始人,他的天文学贡献同其占星活动是相辅相成的。

而石申是魏国人,晚于甘德,著有《浑天图》,为先秦浑天思想的代表作。二人同为先秦杰出天文学家,故人们把二人合举并称。甘德勤于对天空中的恒星作长期细致的观测,和石申建立了各不相同的全天恒星区划命名系统,其方法是依次给出某星官的名称与星数,再指出该星官与另一星官的相对位置,从而对全天恒星的分布、位置等予以定性的描述,对后世产生了很大的影响。

在当时的情况下，从事天文学是一件看似神奇却困难重重的事业。很多人中途而退了，但甘德面对任何挫折都没有气馁，相反以顽强的毅力坚持了下去，最终取得了惊人的成果。

甘氏星表是古代天体测量工作的基础，因为测量日月星辰的位置和运动，都要用到其中二十八宿距度的数据，是中国天文历法中一项重要的基本数据。在历法方面，甘德的岁星纪年法独树一帜，尤其是以 12 年为周期的冶、乱、丰、歉、水、旱等预报方法。其特点是不用太岁、太阴和岁阴名称，而用摄提格称之。与其他各家相比，甘德的天文学贡献在战国时代是最大的。

甘德还曾对若干恒星的位置进行过定量的测量，可惜其结果大多湮没不存。甘德对行星运动进行了长期的观测和定量的研究。他发现了火星和金星的逆行现象，他指出"去而复还为勾"，"再勾为巳"，把行星从顺行到逆行、再到顺行的视运动轨迹十分形象地描述为"巳"字形。甘德还建立了行星会合周期的概念，并且测得木星、金星和水星会合周期值。他还给出木星和水星在一个会合周期内见、伏的日数，更给出金星在一个会合周期内顺行、逆行和伏的日数，而且指出在不同的会合周期中金星顺行、逆行和伏的日数可能在一定幅度内变化的现象。

虽然甘德的这些定量描述还比较粗疏，但它们却为后世传统的行星位置计算法奠定了基石。他早伽利略近 2000 年，而且在没有望远镜的条件下，仅凭肉眼就发现了木星的卫星，这真是一个奇迹。甘德以其坚韧不拔的毅力和精细独到的观测把奇迹变成了现实，在世界天文学史上谱写了光辉的一页。

中国是天文学发展最早的国家之一。由于农业生产和制定历法的需要，中国的祖先很早开始观测天象，并用以定方位、定时间、定季节了。测量出的若干恒星的坐标加以汇编而成的，它是天文学上一种重要的工具。中国古代测编过许多星表，其中最早的一次是在战国时代，它的观测者叫石申。

石申又名石申夫，是战国时代魏国天文学、占星学家，河南开封人。他曾系统地观察了金、木、水、火、土五大行星的运行，发现其出没的规律，记录名字，测定121颗恒星方位，数据被后世天文学家所用。在当时科学技术不发达的情况下，可以想象得出，石申曾经遇到过多少困难，受过多少失败的打击。但强者总是在失败后第一时间站起来，然后再勇敢向困难挑战，石申做到了，能取得如此辉煌的成果，实在难得。他与齐国的甘德和商朝的巫咸三人，是中国星表的最早编制者，也是世界方位天文学的创始人，在世界天文史上占有一席特殊的地位。

石申不但编制了世界上最古老的星表，而且在四分历、岁星纪年、行星运动、天象观测和中国古代的占星理论等方面，都做出了重要的贡献。他对于中国古代天文学从知识的积累和定性研究，进入系统定量的科学探讨起了决定性的作用。正因为石申对天文学的研究做出了杰出的贡献，所以他的名字登上了月宫，以石申命名的环形山，位于月球背面西北隅，离北极不远，面积350平方千米。月球背面的环形山，都是用已故的世界著名科学家的名字命名的，其中选用了5位中国人的名字。石申能位列其中，这充分体现了天文学界对他的重视。

后来，三国时代的吴国太史令陈卓，善于星占，精通天文星象，于是总结了甘德、石申和巫咸三家的星位图表，构成283官、1464星的星座体系。从此以后，中国天文学历史出现了综合三家星宫的占星著作，成为后世制作星图、浑象的标准，由此沿用了1000多年。

逐梦箴言

有句话这样说："人生的所有胜景，只留给善于独辟蹊径的人。"在中国古代科技十分不发达、而官方又不重视的情况下，张作楠、甘德和石申凭借对天文学的热爱和追求，执著地走出了一条独辟蹊径之旅。耐心是一切聪明才智的基地，恒心是迈向成功的阶梯，信心是采撷成功之果的原动力。世上无难事，只怕有心人，正是这些伟大的科学先驱们，用毕生的心血和汗水不断努力，为中国天文学在世界史上争得一席之地。他们的精神，与浩瀚的星河共同闪耀！

知识链接

中国古代天文学

我国古代天文学从原始社会萌芽，公元前 24 世纪的尧帝时代，设立了专职的天文官，专门从事"观象授时"；仰韶文化时期，描绘出的太阳黑子；公元 16 世纪前，取得了辉煌的成就。成就大体可归纳为 3 个方面：天象观察、仪器制作和编订历法。郭守敬于公元 1280 年编订的《授时历》，通过 3 年多的200 次测量，经过计算，采用 365.2425 日作为一个回归年的长度，与现今世界上通用的公历值相同，比欧洲的格里高列历早了 300 年。我国古代观测天象的台址很多，现今保存最完好的就是河南登封观星台和北京古观象台。

巫咸

巫咸（前 1638—前 1563 年），江苏常熟人。他是用筮占卜的创始者，著名的占星家，神权统治的代表人物。商代太戊帝之国师。殁后葬于常熟虞山，与仲雍和言子一起被誉为"虞山三圣"。常熟巫山也因巫咸而得名，并有巫咸祠、巫咸墓。巫咸还发明了"牵星术"，在《巫咸占》一书中首次提出"指"这个牵星观测单位。唐代瞿昙悉达所编《开元占经》收录了巫咸的星占占辞及星表。关于巫咸其人，还有其他传说。例如，传说他是鼓的发明者；也有传说他测定过恒星，被视为中国最早的天文学家。

■ 开拓宇宙疆域的"星海将军"

1889 年 11 月 20 日，在美国密苏里州马什菲尔德的一个律师家庭，诞生了一名婴儿，他就是日后被誉为"星系天文学之父"、现代观测宇宙学的创始人哈勃。他发现了银河系外星系的存在及宇宙不断膨胀，是银河外天文学的奠基人和提供宇宙膨胀实例证据的第一人。

埃德温·鲍威尔·哈勃自幼勤学好问，尤其让他着迷的是头顶上的蓝天。8 岁生日那天，第一次用望远镜遥望星空，那闪烁的点点星光，若隐若现的辉晕，都在哈勃幼小的心灵中留下深刻印象。10 岁那年夏天，听一个好朋友说午夜之后有月全食，哈勃欢欣雀跃，央求父母同意后，在广阔的野地里认真地观察夜空，那壮观的景象使他兴奋不已。

哈勃的一生极具传奇色彩，兴趣爱好非常广泛。中学时代，在体育运动方面就很突出，篮球、网球、棒球、橄榄球、跳高、撑竿跳、铅球、链球、铁饼、射击等许多项目上，他都能取得相当好的成绩。在芝加哥大学，他作为一名重量级拳击运动员而闻名全校；在牛津大学，他被选拔为校参赛队员，在一场表演赛中与法国拳王卡庞捷交手；49 岁时，哈勃当选为美国亨廷顿图书馆和艺术馆的理事……

而最具传奇色彩的，应该是好莱坞影星把哈勃当成偶像，这种情况极少在科学家的身上出现。那是 1937 年 3 月 4 日晚，美国电影艺术学会在洛杉矶举行年度颁奖仪式。该学会主席、导演弗兰克·卡普拉曾因影片《发生在某夜》荣获奥斯卡奖，并即将因影片《迪兹先生进城》而再获奥斯卡奖。哈勃夫妇作为卡普拉的宾客，参加颁奖仪式。当卡普拉向与会者介绍这位世界上活着的最伟大的天文学家时，哈勃起立致意，3只巨型聚光灯集中照在他身上，全场掌声雷动，从此人们知道了威尔逊山天文台。而驱车上山注视当时世界上最大的那架口径2.54米的天文望远镜，以及一睹天文学家哈勃本人的风采，便成了一种高雅的时尚。

当时有一位精明的电影编剧和剧作家阿尼塔·露丝，她的畅销书《君子好逑》曾改编成百老汇轰动一时的音乐喜剧。1937年初，露丝偕夫君同来天文台参观，此举为其他人的参观铺平了道路。奥斯卡奖得主女明星海伦·海斯参观后曾经写道："我们都感到好奇，因为一块很小的、刚合人眼窝的玻璃，却能向外扩大而包含整个宇宙。它好像把我们置于接近永恒的地方。"

在好莱坞真有点像在天上，那里有各种不同"星等"的明星，最明亮的就是神话般的查理·卓别林。哈勃夫妇于1938年11月首次与其晤面，又出席了卓别林的名片《大独裁者》的开幕式。和卓别林相遇之后，哈勃夫妇在心中盘算着下一个想见谁呢？因为事实上，他们想见的人远不如想见他们的人那样多。那么，哈勃究竟为什么如此神奇呢？要回答这个问题，还得从他所从事的天文学的历史谈起。

自古以来，人们就对茫茫宇宙有各种猜测和想象：古希腊学者德谟克利特曾天才地猜测，横亘天穹的银河其实是一大片星星构成的"云"；而多数欧洲人都信奉亚里士多德银河是地球大气层发光的想法；意大利科学家伽利略发明了天文望远镜，证明德谟克利特的猜想完全正确；英国的托马斯·赖特大胆设想，天上所有的恒星组成一个扁平如车轮或一张薄饼的透镜状集团；德国大哲学家康德等人则进一步认为，整个恒星系统是个"岛宇宙"；英国天文学家威廉·赫歇耳确定了"银河系"的形状和恒星数量；天文学家卡普坦首次较为精确地测定了银河系的大小。在不断地探索和猜测中，天文学家们急切地想弄清：太空中是否果真存在着与银河系相似的众多"岛宇宙"？人们为此引发了一些举世闻名的大辩论，双方各自阐明于己有利的天文观测证据，但是谁也说服不了对方。

第一次世界大战结束后,世上最大的口径 2.54 米的反射望远镜在威尔逊天文台落成。此镜强大的聚光能力和很高的分辨本领,为在此工作的哈勃提供了十分有利的天文观测条件。他坚持不懈地拍摄了一批旋涡星云的照片,并破天荒地在这些星云的外围区域,辨认出许多"造父变星"。"造父变星"是一类特殊的变星,它们的亮度总是很有规律地变化着:增亮,变暗,再增亮,再变暗……而且其亮度变化的特征又很容易识别。

1925 年元旦,在美国天文学会和美国科学促进会联合召开的一次会议上,人们宣读了哈勃的一篇论文,宣布他用 2.54 米望远镜发现了仙女座大星云和三角座旋涡星云中的一批造父变星,并利用周光关系推算出两者与银河系的距离不是 10 万光年,而约为 90 万光年。虽然哈勃本人并未到会,却分享了美国科学促进会为这次会议设立的最佳论文奖。同年,该文在《美国天文学会会刊》上正式发表,题为《旋涡星云中的造父变星》,整个美国天文学会当即明白,关于旋涡星云本质的这场大辩论业已告终,空间中物质分布的岛宇宙观念已然确立,宇宙学的一个启蒙时代已经开始。

把宇宙看作一个整体,来研究它的结构、运动、起源和演化的学科叫做宇宙学。在哈勃以前,宇宙学主要是理论家们的天地。哈勃的上述成就,则开辟了研究宇宙学问题的全新途径,即"观测宇宙学"。他首先尝试系统地把星云分为"银河星云"和"非银河星云"两大类,又各分为若干次类。在《星云世界》一书中,哈勃对此作了更详尽的描述,并绘制了著名的星云形态序列图——即所谓的"音叉图",也就是如今的"哈勃星系形态序列",在看似纷乱庞杂的星系世界中引入秩序,为人们进入这个神秘的世界提供了一幅总体导游图。

后来,哈勃又通过反复观测,得出举世闻名的"哈勃定律",使人类的宇宙观发生了深刻变化。这个定律是 20 世纪天文学最伟大的成就,表明宇宙在整体上静止的观念已经过时,取而代之的是一幅空前宏伟的膨胀图景:宇宙的各部分都在彼此远离,而且各个部分互相远离的速率与它们之间的距离成正比。紧接着的任务,是更准确地测定宇宙膨胀的速率,以

我的未来不是梦

及膨胀速率本身如何随时间而变化。至今,天文学家们仍在为这些艰巨的任务而不懈地工作着。

天文学是哈勃一生的挚爱,除了第二次世界大战期间外,哈勃始终未离开威尔逊山天文台,晚年担任了天文台研究委员会主席。1949 年末,帕洛玛山口径 5.08 米的反射望远镜正式投入观测,哈勃是它的第一位使用者。为了天文事业,可以说他付出了毕生的精力和心血,甚至在生命的最后时刻,依然在思考问题,而达到忘我的境界。

那是 1953 年 9 月 27 日,哈勃在自己的书房里度过了下午和晚上。第二天上午,他在办公室与同事赫马森谈论了新的工作设想。当他解释自己脑海里所想的东西时说得很快,甚至不知什么缘故,显得很着急。讨论完毕,哈勃走回家去吃午饭,甚至在那一刻,他还依然显得快活而有干劲,看上去是那么健康。哈勃夫人在开车回家途中发现丈夫沿街大踏步地走着,同时挥舞着手杖。她让他上车,然后他和往常一样,问她:"你度过了怎样的一个上午?"此时他们离家大约尚有 1500 米。当她就要拐入车道之际,停车向他看了一眼,只见他笔直向前瞪着眼,带着一种令人迷茫的表情,并用一种奇特的方式张开嘴唇呼吸。她奇怪地问道:"怎么啦?""不要停车,直驶。"他平静地回答;不一会儿便昏厥过去了。

医生证实,脑血栓的形成几乎是瞬间的,没有疼痛地带走了哈勃。遵照生前的遗愿,哈勃没有葬礼,没有追悼会,也没有坟墓供哀悼者表示最后的敬意,铜骨灰匣埋葬在一个秘密的地方,一切如哈勃所愿——静悄悄地消失。

逐梦箴言

由于一系列开创性的工作,使哈勃成为有史以来最重要的天文学家之一,被誉为"宇宙边疆的开拓者"和"星海将军",还被授予美国富兰克林金奖、英国皇家学会金奖等许多荣誉。如今哈勃已离开半个多世纪了,但他身后留下了一长串与之相关的天文学术语:哈勃分类法、哈勃序列、哈勃常数、哈勃定律、哈勃半径、哈勃年龄等,乃至家喻户晓的哈勃空间望远镜——他依然在天文学界闪耀着迷人的光彩!

知识链接

哈勃定律

河外星系的视向退行速度与距离成正比,即距离越远,视向速度越大。这个速度–距离关系,在 1929 年由美国天文学家哈勃发现,称为哈勃定律或哈勃效应。在宇宙学研究中,哈勃定律成为宇宙膨胀理论的基础。速度–距离关系和速度–视星等关系,是建立在观测红移–视星等关系及一些理论假设前提上的。哈勃定律原来由对正常星系观测而得,现已应用到类星体或其他特殊星系上。哈勃定律通常被用来推算遥远星系的距离。

哈勃

我的未来不是梦

智慧心语

1.由百折不挠的信念所支持的人的意志,比那些似乎是无敌的物质力量具有更大的威力。

——爱因斯坦

2.生活的道路一旦选定,就要勇敢地走到底,决不回头。

——左拉

3.应该不虚度一生,应该能够说:"我已经做了我能做的事。"

——居里夫人

4.人的一生可能燃烧也可能腐朽,我不能腐朽,我愿意燃烧起来!

——奥斯特洛夫斯基

5.没有目标而生活,恰如没有罗盘而航行。

——康德

6.有志者,事竟成,破釜沉舟,百二秦关终属楚;苦心人,天不负,卧薪尝胆,三千越甲可吞吴。

——胡寄垣(一说蒲松龄)

第四章

奇思妙想

◇导读◇

　　你是一位善于奇思妙想者吗?如果是,我恭喜你,因为这其实也是一种走向成功必须具备的素质;倘若为否,你就该尝试填补此空缺了。奇思妙想并非胡思乱想,它是启动灵感的开关,是引爆创新的导线,当我们与它不期而遇,它会为我们送上代表和预示着成功的笑脸。

■ 伽利略拥有千里眼

伽利略·伽利雷（1564—1642），世界知名科学家，他既是物理学家、天文学家、哲学家又是发明家，他发明了温度计和天文望远镜，是近代实验物理学的开拓者，被誉为"近代科学之父"。他是为维护真理而进行不屈不挠斗争的科学战士。恩格斯称他是"不管有何障碍，都能不顾一切而打破旧说，创立新说的巨人之一"。历史上他首先提出并证明了同物质同形状的两个质量不同的物体下降速度一样快。他以系统的实验和观察推翻了亚里士多德诸多观点。因此，他被称为"近代科学之父"、"现代观测天文学之父"、"现代物理学之父"、"科学之父"及"现代科学之父"。他的工作，为牛顿的理论体系的建立奠定了基础。人们竞相传颂："哥伦布发现了新大陆，伽利略发现了新宇宙。" 史蒂芬·霍金说："自然科学的诞生要归功于伽利略，他这方面的功劳大概无人能及。"

伽利略在帕多瓦大学工作 18 年，最初把主要精力放在他一直感兴趣的力学研究方面，他发现了物理上重要的现象——物体运动的惯性；做过有名的斜面实践，总结了物体下落的距离与所经过的时间之间的数量关系；他还研究了炮弹的运动，奠定了抛物线理论的基础；关于加速度这个概念，也是他第一个明确提出的；甚至为了测量病人发热时体温的升高，这位著名的物理学家还在 1593 年发明了第一支空气温度计……但是，一个偶然的事件，使伽利略改变了研究方向。他从力学和物理学的研究转向广袤无垠的茫茫太空了。

我的未来不是梦

那是 1609 年 6 月，伽利略听到一个消息，说是荷兰有个眼镜商人利帕希发现用一种镜片看见了远处肉眼看不见的东西。"这难道不正是我需要的千里眼吗？"伽利略非常高兴。不久，他的一个学生从巴黎来信，进一步证实这个消息的准确性，信中说尽管不知道利帕希是怎样做的，但是这个眼镜商人肯定是制造了一个镜管，用它可以使物体放大许多倍。

"镜管！"伽利略把来信翻来覆去看了好几遍，急忙跑进他的实验室。他找来纸和鹅管笔，开始画出一张又一张透镜成像的示意图。伽利略由镜管这个提示受到启发，看来镜管能够放大物体的秘密在于选择怎样的透镜，特别是凸透镜和凹透镜如何搭配。他找来有关透镜的资料，不停地进行计算。

整整一个通宵，伽利略终于明白，把凸透镜和凹透镜放在一个适当的距离，就像那个荷兰人看见的那样，遥远的肉眼看不见的物体经过放大也能看清了。

伽利略非常高兴。他顾不上休息，立即动手磨制镜片，这是一项很费时间又需要细心的活儿。他一连干了好几天，磨制出一对对凸透镜和凹透镜，然后又制作了一个精巧的可以滑动的双层金属管。现在，该试验一下他的发明了。

伽利略小心翼翼地把一片大一点的凸透镜安在管子的一端，另一端安上一片小一点的凹透镜，然后把管子对着窗外。当他从凹透镜的一端望去时，奇迹出现了，那远处的教堂仿佛近在眼前，可以清晰地看见钟楼上的十字架，甚至连一只在十字架上落脚的鸽子也看得非常逼真。

伽利略制成望远镜的消息马上传开了。"我制成望远镜的消息传到威尼斯"，在一封写给妹夫的信里，伽利略写道："一星期之后，就命我把望远镜呈献给议长和议员们观看，他们感到非常惊奇。绅士和议员们，虽然年纪很大了，但都按次序登上威尼斯的最高钟楼，眺望远在港外的船只，看得都很清楚；如果没有我的望远镜，就是眺望两个小时，也看不见。这仪器的效用可使 50 英里以外的物体，看起来就像在 5 英里以内那样。"

伽利略发明的望远镜，经过不断改进，放大率提高到 30 倍以上，能把实物放大 1000 倍。现在,他犹如有了千里眼,可以窥探宇宙的秘密了。

这是天文学研究中具有划时代意义的一次革命,几千年来天文学家单靠肉眼观察日月星辰的时代结束了,代之而起的是光学望远镜,有了这种有力的武器,近代天文学的大门被打开了。

自此,每当星光灿烂或是皓月当空的夜晚,伽利略便把他的望远镜瞄准深邃遥远的苍穹,不顾疲劳和寒冷,夜复一夜地观察着。

过去,人们一直以为月亮是个光滑的天体,像太阳一样自身发光。但是伽利略透过望远镜发现,月亮和我们生存的地球一样,有高峻的山脉,也有低凹的洼地(当时伽利略称它是"海")。他还从月亮上亮的和暗的部分的移动,发现了月亮自身并不能发光,月亮的光是通过太阳得来的。

伽利略又把望远镜对准横贯天穹的银河,以前人们一直认为银河是地球上的水蒸汽凝成的白雾,亚里士多德就是这样认为的。伽利略决定用望远镜检验这一说法是否正确。他用望远镜对准夜空中雾蒙蒙的光带,不禁大吃一惊,原来那根本不是云雾,而是千千万万颗星星聚集一起。伽利略还观察了天空中的斑斑云彩——即通常所说的星团,发现星团也是很多星体聚集一起,像猎户座星团、金牛座的昴星团、蜂巢星团都是如此!

伽利略的望远镜揭开了一个又一个宇宙的秘密,他发现了木星周围环绕着它运动的卫星,还计算了它们的运行周期。现在我们知道,木星共有 16 颗卫星,伽利略所发现的是其中最大的 4 颗。除此之外,伽利略还用望远镜观察到太阳的黑子,他通过黑子的移动现象推断,太阳也是在转动的。

一个又一个振奋人心的发现,促使伽利略动笔写一本最新的天文学发现的书,他要向全世界公布他的观测结果。1610 年 3 月,伽利略的著作《星际使者》在威尼斯出版,立即在欧洲引起轰动。

但是,他没有想到,望远镜揭开的宇宙的秘密大大触怒了很多人,一场可怕的厄运即将降临在这位杰出的科学家的头上——因为他支持哥白尼的日心说,直接对抗并威胁着教会,教会多次对他加以警告,致使他作了相应的妥协。然而伽利略的内心深处并没有放弃哥白尼学说,相反,继

我的未来不是梦

续不断的观测和深入研究，使他更加坚信哥白尼学说是完全正确的科学理论。在佛罗伦萨郊外的锡尼别墅里，伽利略过着与世隔绝的生活，他的身体大不如前，病魔在残酷地折磨他，但是他依然念念不忘宣传哥白尼的学说。经过长久的酝酿构思，用了差不多5年时间，一部伟大的著作《关于两种世界体系的对话》终于诞生了。因为"变本加厉"，70岁的他受到教会迫害，并被终身监禁。

伽利略的晚年是非常悲惨的。这位开拓了人类的眼界，揭开了宇宙秘密的科学家，1637年双目完全失明，陷入无边的黑暗之中。他唯一的亲人——小女儿玛俐亚先他离开人间，这给他的打击是很大的。但是，即使这样，伽利略仍旧没有失去探索真理的勇气。1638年，他的一部《关于两门新科学的讨论》在朋友帮助下得以在荷兰出版，这本书是伽利略长期对物理学研究的系统总结，也是现代物理的第一部伟大著作。后来，宗教裁判所对他的监视有所放宽，他的几个学生，其中包括著名物理学家、大气压力的发现者托里拆利来到老人身边，照料他，同时也是向他请教。他们又可以愉快地在一起讨论科学发明了。

1642年1月8日，78岁的伽利略停止了呼吸。但是他毕生捍卫的真理却与世长存。具有讽刺意味的是，300多年后的今天，1979年11月，在世界主教会议上，罗马教皇提出重新审理"伽利略案件"。为此，世界著名科学家组成了一个审查委员会，负责重新审理这一冤案。其实，哪里还用得着审理什么呢？宇宙飞船在太空飞行，人类的足印深深地留在月球的表面，人造卫星的上天，宇宙测探器飞出太阳系发回的电波……所有这些现代科学技术的进步，人类将永远记住伽利略这个光辉夺目的名字。

逐梦箴言

许多人的成就都跟"偶然"有关，机遇总会留给有准备的人，而有准备的人必是有心人。做个有心人吧，说不定你也会因此受益无穷。

知识链接

霍金其人

斯蒂芬·威廉·霍金,英国剑桥大学应用数学及理论物理学系教授,当代最重要的广义相对论和宇宙论家,是当今享有国际盛誉的伟人之一,被称为在世的最伟大的科学家,还被称为"宇宙之王"。20世纪70年代他与彭罗斯一起证明了著名的奇性定理,为此他们共同获得了1988年的沃尔夫物理学奖。他因此被誉为继爱因斯坦之后世界上最著名的科学思想家和最杰出的理论物理学家。他还证明了黑洞的面积定理,即随着时间的增加黑洞的面积不减。2012年1月8日霍金预言,地球将在千年内面临核战之类的大灾难,人类只有在火星或太阳系其他星球殖民,才能避免灭绝。

他因为在21岁时不幸患上了会使肌肉萎缩的卢伽雷症,所以被禁锢在轮椅上,只有三根手指可以活动。1985年,因患肺炎做了穿气管手术,被彻底剥夺了说话的能力,演讲和问答只能通过语音合成器来完成。他的诸多成就都是在他生病之后取得的,因此他也成为"身残志坚""自强不息"的"典范"。

伽利略望远镜

我 的 未 来 不 是 梦

■ 让牛顿来吧，一切变成光明

"我不知道在别人看来，我是什么样的人；但在我自己看来，我不过就像是一个在海滨玩耍的小孩，为不时发现比寻常更为光滑的一块卵石或比寻常更为美丽的一片贝壳而沾沾自喜，而对于展现在我面前的浩瀚的真理的海洋，却全然没有发现。"这是牛顿的一段经典名言，多少年来，一直鼓舞着人们在真理的海洋中探索和追求。

我们都知道，牛顿是位伟大的科学家，为自然科学的发展做出了巨大贡献。2005年，英国皇家学会进行了一场"谁是科学史上最有影响力的人"的民意调查，牛顿被认为比爱因斯坦更具影响力。其著作《自然哲学的数学原理》、《光学》、《二项式定理》和《微积分》，这些都是人类智慧史上最伟大的成就，奠定了之后3个世纪的科学观点，推动了科学革命。

那么，作为一名伟大的科学家，牛顿在天文学方面有哪些贡献呢？在牛顿之前，哥白尼、布鲁诺、开普勒等人曾经取得了很大成就；而牛顿则继承并发展了他们的研究成果。牛顿年轻的时候，就相信开普勒提出的行星按照一定轨道运动的理论。但为什么会这样运动呢？他感到一定有种隐藏着的力量在牵着这些行星，使它们不至于脱离轨道，在天空中乱飞。月亮绕着地球运转，一定是有种力在牵着它；一件东西向地面落下，也是因为被这种力吸向地面。经过深入地思考和研究，牛顿发现任何物体都具有吸引力。于是他发现了万有引力定律。这就是：宇宙中的任何物体之间，都存在着相互吸引力；各个物体间吸引力的大小，与物体的大小成正比，与它们之间的距离成反比。牛顿还把这个定律用数学公式表达出来,后来它成为天文学上的基础定律,极大地推动了对天体运动的研究。同时,它对于研究物体的运动,都有普遍意义。

1643 年 1 月 4 日,艾萨克·牛顿出生于英格兰林肯郡乡下的一个小村落。幼年的牛顿很不幸,在他出生前 3 个月父亲刚去世;由于早产的缘故,新生的牛顿十分瘦小,简直可以把他装进马克杯中。3 岁时,母亲改嫁并把他托付给外祖母照看。年幼的牛顿因为不喜欢他的继父,而失去了母爱,也因此对母亲的改嫁持有一些敌意。

少年牛顿并不是神童,上学时资质平常、成绩一般,因此母亲希望他成为一个农民,经营农场。但牛顿无意于此,反而酷爱读书,喜欢沉思,还喜欢看介绍各种简单机械模型制作方法的读物,并从中受到启发,别出心裁地动手做些小工具、小发明和小试验。因此说,牛顿一生中在科学上能够取得那么多的重大成就,绝不是偶然的,而是与他从小善于观察思考、勤奋刻苦钻研分不开的。

有一次,小牛顿制造了一架磨坊的模型,将老鼠绑在一架有轮子的踏车上,然后在轮子的前面放上一粒玉米,刚好那地方是老鼠可望不可即的位置。老鼠想吃玉米,就不断地跑动,于是轮子不停地转动。还有一次放风筝时,他在绳子上悬挂着小灯,夜间村人看去惊疑是彗星出现。他还制造了一个小水钟,每天早晨,小水钟会自动滴水到他的脸上,催他起床。他还喜欢绘画、雕刻,尤其喜欢刻日晷,家里墙角、窗台上到处安放着他刻画的日晷,用以验看日影的移动。

后来迫于生活,母亲让牛顿停学在家务农,补贴家用。但牛顿一有机会便埋首书卷,以至经常忘了干活。每次,母亲叫他同佣人一道上市场,熟悉做交易的生意经时,他便恳求佣人一个人上街,自己则躲在树丛后看书。有一次,牛顿的舅父对此起了疑心,就跟踪牛顿上市镇去,发现他的外甥伸着腿,躺在草地上,正在聚精会神地钻研一个数学问题。牛顿的好学精神感动了舅父,于是舅父劝服了母亲让牛顿复学,并鼓励牛顿上大学读书。就这样,牛顿终于重新回到了学校,如饥似渴地汲取着书本上的营养。

　　18 岁那年,勤奋好学的牛顿以优异的成绩考入剑桥大学。在那时,该学院的教学基于亚里士多德学说,但牛顿更喜欢伽利略、哥白尼和开普勒等天文学家的先进思想。他不断计算反复求证,发现了广义二项式定理,并开始发展一套新的数学理论,也就是世人所熟知的微积分学。后来学校为了预防伦敦大瘟疫而停课了,但牛顿并未因此而停止脚步,继续在家中研究和探索科学。

　　一个偶然的事件,往往能引发一位科学家思想的闪光。那是 1666 年夏末一个温暖的傍晚,在英格兰林肯州乌尔斯索普,腋下夹着一本书的牛顿走进母亲家的花园里,坐在一棵树下,开始埋头读他的书。当他翻动书页时,头顶的树枝中有样东西晃动起来。一只历史上最著名的苹果落了下来,打在 23 岁的牛顿的头上。恰巧在那天,牛顿正苦苦思索着一个问题:是什么力量使月球保持在环绕地球运行的轨道上,以及使行星保持在其环绕太阳运行的轨道上?为什么这只打中他脑袋的苹果会坠落到地上?正是从思考这一问题开始,牛顿找到了以上问题的答案,这就是前面提到的——万有引力理论。

　　在光学方面,牛顿用三棱镜进行光的实验,把白光分解成红、橙、黄、绿、蓝、靛、紫七种颜色的光带。他通过倒置棱镜,又把七色光带会聚为白光。这样,就正确解释了白光是由有色光组成的,从而奠定了光谱学的基础。另外,他制成了世界上第一架反射望远镜,能够放大 40 倍,通过它,可以看到木星上的卫星。反射望远镜的发明,使人类对天体的观察进入了一个新阶段。

　　牛顿用质点间的万有引力证明,密度呈球对称的球体对外的引力都可以用同质量的质点放在中心的位置来代替。他还用万有引力原理说明潮汐的各种现象,指出潮汐的大小不但同月球的位相有关,而且同太阳的方位有关。牛顿预言地球不是正球体。岁差就是由于太阳对赤道突出部分的摄动造成的。牛顿用引力理论和运动三定律,把天上行星和它们的卫星运动规律,同地上重力下坠的现象统一起来,实现了天上人间的统一,这是牛顿在自然哲学上的伟大贡献。

对于科学研究的专心，牛顿几乎到了痴情的地步。有一次他一边煮鸡蛋一边看书，糊里糊涂地把一块怀表扔进了锅里，等水煮开后，揭盖一看，才知道错把怀表当鸡蛋煮了。还有一次，一位来访的客人请牛顿估价一具棱镜。牛顿一下就被这具可以用作科学研究的棱镜吸引住了，毫不迟疑地回答说："它是一件无价之宝！"客人看到牛顿对棱镜垂涎三尺，表示愿意卖给他，还故意要了一个高价。牛顿立即欣喜地把它买了下来，管家老太太知道了这件事，生气地说："咳，你这个笨蛋，你只要照玻璃的重量折一个价就行了！"

牛顿非常勤奋，一生中的绝大部分时间是在实验室度过的，常通宵达旦地做实验，有时一连6个星期都在实验室工作，不分白天和黑夜，直到把实验做完为止。有一次请朋友吃饭，准备好饭菜后，他自己却钻进了研究室，朋友见状吃完后便不辞而别了。牛顿出来时，发现桌上只剩下残羹冷饭，以为自己已经吃过了，就回去继续进行研究实验。牛顿用心之专注，如今已经被传为佳话。

随着科学声誉的提高，牛顿的政治地位也得到了提升。1689年，他当选为国会中的大学代表，晚年在伦敦过着堂皇的生活，被安妮女王封为贵族。此时的牛顿非常富有，被普遍认为是当时生存着的最伟大的科学家。他在担任英国皇家学会会长的24年时间里，以铁拳统治着学会，没有他的同意，任何人都不能被选举。

1727年3月31日，伟大的艾萨克·牛顿逝世。同其他很多杰出的英国人一样，牛顿被葬在了威斯敏斯特教堂，他的雕像倚坐在一堆书籍上，双手没有合十。身边有两位天使，还有一个巨大的地球造型，以纪念牛顿在科学上的功绩。

爱因斯坦为纪念牛顿诞生 300 周年而写的文章中有如下评价:"只有把他的一生看作为永恒真理而斗争的舞台,才能理解他。"此赞语最恰当不过了。牛顿一生勤奋好学,刻苦钻研,成果丰硕;可是身为最伟大的科学家,他却从来没有骄傲自满过,总是谦虚地说:"如果说我比别人看得更远些,那是因为我站在了巨人的肩上。"时间在流逝,但牛顿为人类社会做出的贡献不可磨灭,正如他的墓志铭所言:自然与自然的定律,都隐藏在黑暗之中;上帝说"让牛顿来吧!"于是,一切变为光明!

万有引力定律

牛顿 1687 年于《自然哲学的数学原理》上发表:任意两个质点通过连心线方向上的力相互吸引,该引力的大小与它们的质量乘积成正比,与它们距离的平方成反比,与两物体的化学本质或物理状态以及中介物质无关。万有引力定律是解释物体之间的相互作用的引力的定律,是物体(质点)间由于它们的引力质量而引起的相互吸引力所遵循的规律;是 17 世纪自然科学最伟大的成果之一,对以后物理学和天文学的发展具有深远的影响,在人类认识自然的历史上树立了一座里程碑。

◦ 智慧心语 ◦

1.可以凭着自己高贵的品质,超脱时代和社会,走自己正确的道路。

——爱因斯坦

2.有些人看到事物的现状,问为什么会这样。而我幻想着事物从未有过的面目,并要问为什么不是这样。

——乔治·萧伯纳

3.我们必须有恒心,尤其要有自信力! 我们必须相信我们的天赋是要用来作某种事情的,无论代价多么大,这种事情必须做到。

——居里夫人

4.工作就是人生的价值,人生的欢乐,也是幸福之所在。

——罗丹

5.当一个人感觉到有高飞的冲动时,他将再也不会满足于在地上爬。

——海伦·凯勒

我的未来不是梦

牛顿

第五章

机遇当前

◇导读◇

"机遇",这是一个多么动听的词语。它让我们对成功的期待有了现实的指望,它暗示我们说:"把握我吧,我带你去和成功约会吧!"于是,在它的带领下,我们真的渐渐走向了成功……因此,当机遇降临时,你一定要善加把握!

■ 并非"旁逸斜出"的天文成就

　　"有两种东西,我对它们的思考越是深沉和持久,它们在我心灵中唤起的惊奇和敬畏就会日新月异,不断增长,这就是我头上的星空和心中的道德定律。"相信好多人都知道这一名言,甚至能加以背诵并且不断引用。它出自康德的《实践理性批判》最后一章,并且被镌刻在康德的墓碑上。

　　好多人都知道康德是世界哲学史上不可绕过的人物、德国古典唯心主义创始人、不可知论者、德国古典美学的奠基者,他被认为是对现代欧洲最具影响力的思想家之一,也是启蒙运动最后一位主要哲学家。现代存在主义哲学奠基人卡尔·雅斯贝斯将康德与柏拉图和奥古斯丁并称为三大"永不休止的哲学奠基人",这也是公认的评价。其实,他还有一个头衔:天文学家,同样受之无愧,在天文领域,他不可抹杀的功绩就是创立了"星云说"。

　　康德于 1724 年 4 月 22 日出生在东普鲁士的首府科尼斯堡,其时,有"武王"之称的普鲁士国王弗里德利希·威廉一世在那里已经统治了 11 个年头。

　　康德的父亲是一个马鞍匠,父母都是信仰新教的虔信派教徒,虔信派强调宗教的精神,重视虔诚的信仰感情,使康德小时候的精神世界受到很深的影响。8 岁时,康德开始上学,学校提倡的是人文主义教育,反对宗教带给人的思想上的枷锁。学校的教育改变了康德的宗教态度,从此开始,一生都对宗教祈祷和教堂唱诗反感。也是因为学校的教育,促使他以"科学"的视角去审视世界上的种种现象。

1740 年,康德进了科尼斯堡大学。人们现在无法考证他当时注册了什么专业,但可以肯定的是他经常听哲学课。1748 年,24 岁的康德大学毕业,因为父亲已经离世,一时间他衣食无着,前途渺茫。由于大学里没有他的位置,他决定到科尼斯堡附近的小城镇去做家庭教师。

在做家庭教师期间,他发表了第一本著作《关于生命力的真实估计之思考》,内容是关于笛卡儿、牛顿和莱布尼茨提出的哲学与科学命题。结束 5 年的家庭教师生涯后,康德重返科尼斯堡,再次进入大学学习。那时的康德就是位"思想者",因为一直以来就对自然科学抱有浓厚的兴趣,尤其是那深不可测、谜一样变幻多端的天空更是让他沉醉入迷,并深有心得,1754 年,康德发表了论文《论地球自转是否变化和地球是否要衰老》,对"宇宙不变论"大胆提出怀疑。 随之而来的,1755 年,康德发表《自然通史和天体论》一书,首先提出太阳系起源星云说。康德在书中指出:太阳系是由一团星云演变来的。这团星云由大小不等的固体微粒组成,"天体在吸引力最强的地方开始形成",引力使微粒相互接近,大微粒吸引小微粒形成较大的团块,团块越来越大,引力最强的中心部分吸引的微粒最多,首先形成太阳。外面微粒的运动在太阳吸引下向中心体下落是于其他微粒碰撞而改变方向,成为绕太阳的圆周运动,这些绕太阳运转的微粒逐渐形成几个引力中心,最后凝聚成绕太阳运转的行星。卫星的形成过程与行星相似。 这同样是一种大胆的、新奇的却有根有据、脚踏实地的"学说"。

但是,由于当时形而上学自然观占据主导位置,出于排斥,这一理论并没有引起人们应有的注意,以致被长期埋没。直到 1796 年,康德提出星云假说 41 年后,法国著名数学和天文学家拉普拉斯(P. S. Laplace)在他的《宇宙体系论》一书中,独立地提出了另一种太阳系起源的星云假说,人们才想起康德早已提出这一理论。康德的星云说终于得以"重见天日"。人们把此学说称为"康德—拉普拉斯学说",也就是人们常说的"康德—拉普拉斯星云假说"。整个 19 世纪,这种学说在天文学中一直占据统治的地位,对于天文学有着颇大的影响和贡献,康德也因此成为天文学家行列中的重要的一员。

也就是在重要天文学著作《自然通史和天体论》发表并由此获得硕士学位 3 个月后,康德获得大学私人助教资格,开始教授哲学。在私人助教这个教职上,康德一干就是 15 年,学生的听课费就成了他的生活来源。除讲授物理学和数学外,还讲授逻辑学、形而上学、道德哲学、火器和筑城学、自然地理等。因为康德的课很受欢迎,愿意听他的课的学生也多,因此他终于"脱贫"而衣食无忧。

在任助教期间,康德开始更多地发表著作。他的论题包罗万象,从自然科学、美学、神学甚至到巫术应有尽有,但贯穿其中的问题只有一个,那就是哲学研究应该如何进行:是从理性的观点出发,从普遍真理中推导出有关事物的真理,还是从经验出发,通过观察得出普遍的结论。

1770 年,康德在 46 岁时终于获得了科尼斯堡大学逻辑学与形而上学教授一职,他的就任报告题目是《感性与知性世界的形式与根据》。此后,康德沉寂 10 年没有发表一篇文章,而是潜心研究他的批判哲学。1781年,他发表了《纯粹理性批判》,仅凭这一部著作,就足以奠定他在哲学史上的不朽地位。

从 1781 年开始,9 年内,康德陆续出版了一系列涉及广阔领域的有独创性的伟大著作,短期内带来了一场哲学思想上的革命。如《纯粹理性批判》(1781)、《实践理性批判》(1788)、《判断力批判》(1790)。1793 年《纯粹理性界限内的宗教》出版后被指控为滥用哲学,歪曲并蔑视基督教的基本教义;于是政府要求康德不得在讲课和著述中再谈论宗教问题。但 1797 年国王死后,他又在最后一篇重要论文《学院之争》(1798)中重新论及这一问题。《从自然科学最高原理到物理学的过渡》本来可能成为康德哲学的重要补充,但此书未能完成。1804 年 2 月 12 日,伊曼努尔·康德在家乡科尼斯堡病逝。

康德去世时形容枯槁,遗体呈木乃伊状。他的遗体也的确像一具木乃伊那样被"示众":科尼斯堡的居民排着长长的队伍瞻仰他们这个城市最伟大的儿子,整整 16 天过去后康德的遗体才"入土为安"。

我的未来不是梦

康德一生对知识的探索可以以 1770 年为标志,分为前期和后期两个阶段,前期主要研究自然科学,后期则主要研究哲学。前期的主要成果着力于天文学,而后期则以"三大批判"的出版为标志,自成一家,形成康德哲学体系。康德的哲学具有划时代的意义。有人把它比作蓄水池,前人的思想汇集于此,后人的思想则从中流出来;也有人将他的哲学比作一座桥,想入哲学之门就得通过康德之桥。

康德的发轫之始在于天文学,而他改弦更张后却在哲学界立足,公允而论,作为哲学家的康德,要比作为天文学家的康德更为"醒目",在某种意义上,人们甚至会下意识地认为从事天文学的尝试,只不过是康德旁逸斜出的结果。事实上,这一过程也是康德思想体系形成的重要铺垫,是他作为"思想者"的重要历程。而这,恰恰是我们应当珍视的。

当我们仰望繁星成点的夜空,心头响起康德那一名句时,我们或许会重新考量自己的人生,那时,你一定要好好思量一下康德可能带给你的诸多启示。

逐梦箴言

读完这个故事,留给你印象较深的一点或许就是康德"转行"。以康德的特质,转行无非只是兴趣转移的结果;而对于我们,转行有时则尤为重要,校正好人生的航向,有时会事半功倍,否则,则可能事倍功半,甚至一无所获。

知识链接

康德和他的"三大批判"

所谓"三大批判",即其著作《纯粹理性批判》、《实践理性批判》和《判断力批判》。

《纯粹理性批判》要回答的问题是:我们能知道什么?康德的回答是:我们只能知道自然科学让我们认识到的东西,哲学除了能帮助我们澄清使知识成为可能的必要条件,就没有什么更多的用处了,自从柏拉图以来的康德把这个问题彻底给颠倒了。康德把这一思维方法与哥白尼的"日心说"相比较:哥白尼以前,人们认为一切星球围着我们地球转,哥白尼却说,我们地球是在围着其他星球转。

《实践理性批判》是《纯粹理性批判》的归宿和目的。所谓"实践理性",是指实践主体的意志,对于实践理性的"批判",就是要考察那规定道德行为的"意志"的本质以及它们遵循的原则。该书的重要理论意义在于,它把人的主体性问题突出出来,强调了人格的尊严与崇高,表现了强烈的人本主义精神。

《判断力批判》要回答的问题是:我们可以抱有什么希望?康德给出的答案是:如果要真正能做到有道德,我就必须假设有上帝的存在,假设生命结束后并不是一切都结束了。

康德带来了哲学上的哥白尼式转变。他说,不是事物在影响人,而是人在影响事物。是我们人在构造现实世界,在认识事物的过程中,人比事物本身更重要。康德甚至认为,我们其实根本不可能认识到事物的真性,我们只能认识事物的表象。康德的著名论断就是:人是万物的尺度。他的这一论断与现代量子力学有着共同之处:事物的特性与观察者有关。

我 的 未 来 不 是 梦

■ 只怕官运找上门

虞喜（281—356年），字仲，会稽余姚（今浙江余姚）人，东晋天文学家，宣夜说的继承和发展者。

虞喜于西晋太康二年（281年）出生于刚刚亡国的孙吴官宦世家。族曾祖虞翻，是吴国的名士，训注《易》《老子》《论语》《国语》。族祖虞耸，在吴国曾任越骑校尉、河间太守，入晋以后，为河间相，著有《穹天论》。父亲虞察，是孙吴的征房将军。胞弟虞预，在东晋成帝（326—342年在位）、康帝（343—344年在位）、穆帝（345—361年在位）时曾任著作郎、散骑常侍等官，晋爵平康县侯，好经史，著有《晋书》《会稽典录》等。虽然虞家为官者众，但虞喜却无意于仕途，一心只想做好学问。

虞喜博学好古，少年老成，年轻时就才华出众，有很高的声望，受到人们的赞扬。西晋帝（307—313年在位）诏他出任官职，他坚辞。东晋元帝（317—323年在位）时，诸葛恢任会稽太守，强迫虞喜充任他手下的功曹，对他刺激很大，更坚定了他终生不仕之念。缘于此，东晋明帝（323—326年在位）和成帝都多次诏他做官，都被一一拒绝。成帝没有再难为他，心生敬意之余，下诏嘉奖他"守道清贞，不营世务，耽学高尚，操拟古人"。

虞喜不愿做官，便埋头一门心思地在家中做学问，他"释《毛诗略》，注《孝经》，为《志林》三十篇"，主要还是偏重于对经典著作的阐释和训注，但他从古代史志书中，发现汉代最初沿用古历，以冬至起于牵牛初度，太初历制定时根据实测，以牵牛西斗宿中央附近的建星为冬至点，刘款对冬至点西遇的现象甚为疑,最后犹豫其辞,认为"冬至进退牛前四度五分",贾逵才明白他说冬至在斗。不过,中国古代天文学家们对于冬至点移动的记录都存而不论,没有把"周天"(恒星年)和"周岁"(回归年)区分开来。

事实上,由于月球、太阳和行星的引力影响,使赤道部分比较突出的椭圆形地球的自转轴绕黄道作缓慢的移动,相应的春分点沿黄道以每年50.24 分的速度西退,差不多 71 年西移 1 度,大约 26000 年移动一周。虞喜当时虽然不知道也不可能知道上述道理,但是他从古代冬至点位置的实测数据发生西退现象的分析中,得出了太阳一周天并非冬至一周岁的结论,即天自为天,岁自为岁。冬至一周岁要比太阳一周天差一小段,虞喜将之命名为"岁差",这就发现了回归年同恒星年的区别。更进一步,虞喜根据《尧典》记载"冬至日短星昴",而当时实测冬至点在"东壁中",即壁宿9 度。从昴宿经胃宿 14 度、娄宿 12 度、奎宿 16 度,至壁宿 9 度,合计退行50 多度,虞喜估计唐尧时代相距"2700 余年",由此可求得岁差值为约"50年退一度"。此前的中国天文学家认为,太阳从去年冬至到今年冬至环行天空一周永相吻合(那时尚不知地球绕太阳环行)。这一发现对以后天文学颇有影响,南朝宋大明六年(462)祖冲之制《大明历》开创中国天文学史新纪元,即应用"岁差"因素。

岁差的发现,是中国天文学史上的一件大事。虞喜发现岁差,虽然比古希腊的依巴谷晚,但却比依巴谷每百年差 1 度的数值精确。而且自南北朝祖冲之将岁差引进《大明历》后,隋刘悼《皇历》、宋杨忠辅《统天历》和元郭守敬《授时历》的岁差值日趋精确。而当时的欧洲,制历家们还在墨守成规地沿用百年差 1 度的差数据。两相比较,相形见绌。

虞喜对宇宙理论也颇有研究。他对汉代以来的盖天说、张衡的浑天说、郗萌的宣夜说三家进行分析比较,认为"盖天说"认为的"天像个斗笠,地像反盖的盘子"太粗疏;"浑天说""整个宇宙就像个鸡蛋,大地就像是蛋中的黄。天大地小,天的表面和内部都有水,天和地的关系就像蛋壳和蛋黄一样。天和地都是由气组成的,且都是漂浮在水上。"虽比"盖天说"先进,但仍非至善;于是在成帝咸康中(约 340 年)写作了《安天论》,宣示了

"宇宙是无边无际的,却也相对安定;天和地无方圆木同之理;所有天体都有自己的运动周期,以自己的轨道运行,并不是附着在一个固定的球壳上"的观点。虞喜的《安天论》既否定了天圆地方的"盖天说",又批判了天球具有固体壳层的"浑天说"。他信仰主张宇宙无限的"宣夜说",并予以继承和发展,这在天文学史上,占据了重要的地位。英国著名的研究中国科学史的李约瑟博士,就这样评价过"宣夜说":"这是宇宙观的开明进步,同希腊的任何说法相比,都毫不逊色。"

是什么让虞喜轻而易举地放下无数人心向往之却求之不得、对他来说却是唾手可得的"功名"?是难以穷极的、博大精深的学问。正是因为这份深入骨髓的挚爱,使他甘于清贫、寂寞,也成就了他的千载英名。

逐梦箴言

学而优则仕,是古往今来无数人梦寐以求、求之不得之事,当官运找上门来时,虞喜却将其拒之门外,有气节、有气度。他告诉我们,做学问、做大学问一定要有沉潜之姿态,耐得住寂寞,守得住淡泊,方可成就大学问。

知识链接

浑天说

浑天说是我国古代的一种宇宙学说。由于古人只能在肉眼观察的基础上加以丰富的想象,来构想天体的构造。浑天说最初认为:地球不是孤零零地悬在空中的,而是浮在水上;后来又有发展,认为地球浮在气中,因此有可能回旋浮动,这就是"地有四游"的朴素地动说的先河。浑天说认为全天恒星都布于一个"天球"上,而日月五星则附丽于"天球"上运行,这与现代天文学的天球概念十分接近。

■ 在成功之路上淡泊行走

爱因斯坦是世界上杰出的世纪伟人，他创立了代表现代科学的"相对论"，为核能开发奠定了理论基础，开创了现代科学新纪元，被公认为自伽利略、牛顿以来最伟大的科学家和思想家。

作为 1921 年诺贝尔物理学奖获得者，作为现代物理学的开创者和奠基人，他的相对论是物理学领域的一次重大革命，否定了经典力学的绝对时空观，深刻地揭示了时间和空间的本质属性；同时也发展了牛顿力学，将其概括在相对论力学之中，推动人类科学达到一个新的高度。爱因斯坦从实验事实出发，重新考查了物理学的基本概念，在理论上作出了根本性的突破。他的广义相对论，对天体物理学，特别是理论天体物理学有很大的影响；而他的狭义相对论，则成功地揭示了能量与质量之间的关系，坚守着"上帝不掷骰子"的量子论诠释的决定论阵地，解释了长期存在的恒星能源，大大推动了天文学的发展。

1879 年 3 月 14 日，阿尔伯特·爱因斯坦诞生在德国北部的乌尔姆城，父亲是电气工程师。在家庭的熏陶下，他爱上了科学，而且很善于思考问题，不过，就是有些胆小。有一天德皇军队通过慕尼黑的市街，好奇的人们都涌向窗前喝彩助兴，小孩子们则为士兵发亮的头盔和整齐的脚步而向往。但爱因斯坦却恐惧得躲了起来，他既瞧不起又害怕这些"打仗的妖怪"，并要求母亲把他带到自己永远也不会变成这种妖怪的国土去。

15 岁时，全家离开德国来到意大利，可他并不申请加入意大利国籍。

虽然是犹太人，但他强烈渴望做一个不要任何依附的世界公民。大战过后，爱因斯坦试图在现实的基础上建立他的世界和平的梦想，并且在"敌国"里作了一连串"和平"演说。德国右翼刺客们的黑名单上也出现了爱因斯坦的名字，希特勒悬赏 2 万马克要他的人头。为了使自己与这个世界保持"和谐"，他不得不从意大利迁到荷兰，又从荷兰迁居美国，成为美籍德国犹太人。之所以申请美国国籍，是因为爱因斯坦认为，在美国这个国度里，各阶级的人们都能在勉强过得去的友谊中生存下去。

后来，爱因斯坦报考瑞士苏黎世的联邦工业大学工程系，可是入学考试却告以失败。看过他的数学和物理考卷后，该校物理学家韦伯先生却慧眼识英才，称赞道他是个很聪明的孩子，但是一个很大的缺点就是不想表现自己。韦伯先生讲得很对，爱因斯坦在数学方面可以说是"天才"，在 12 岁到 16 岁时，就已经自学了解析几何和微积分。而对于不想表现自己的这一"缺点"，爱因斯坦也是"死不悔改"，只想用事实说话。

爱因斯坦是天才，但绝不是"书呆子"，他的生活绝不是单调地坐在试验室摆弄机器、计算数。相反地，他把生活安排得非常丰富多彩，充满生气，在学习或工作十分紧张的情况下，仍抽空参加多种文体活动，尤其喜欢爬山、骑车、赛艇、散步等体育活动。在大学期间，尽管每天学习任务紧张，他仍抽出一定时间散步，节假日还要出外旅游或划船。爱因斯坦的这种爱好，不但是从兴趣出发，而且为了提高学习效率。他常对人说：学习时间是个常数，它的效率却是个变数，单独追求学习时间是不明智的，最重要的是提高学习效率。他认为必须通过文体活动，才能获得充沛的精力，保持清醒的头脑。爱因斯坦还根据自己的亲身体会，总结出一个公式，即 $A=X+Y+Z$。A 代表成就，X 代表劳动，Y 代表休息和活动，Z 代表少说废话。他把这个公式的内容，概括成两句话：工作和休息是走向成功之路的阶梯，珍惜时间是有所建树的重要条件。

即使在取得伟大成就以后，爱因斯坦还是从来不图虚名，生活艰苦简朴，而且不拘小节。有一次，他要把墙上的一幅旧画换下来，就搬来一架梯子，一步一步爬上去。突然，他又想起一个问题，沉思起来，忘记自己在做什么了，猛地从梯子上摔下来。摔到地上以后，爱因斯坦顾不得疼痛，马上想到：人为什么会笔直地掉下来呢？看来物体总是沿着阻力最小的线路运动的。想到这里，他又马上站立起来，一瘸一拐地走到桌边，提笔把自己的这个想法记了下来。这次小意外，对爱因斯坦正在研究的"相对论"有很大的启发。

还有一件发生在爱因斯坦功成名就之后的事。那天应邀去比利时访问，国王和王后特地成立了一个接待委员会。火车站上张灯结彩，鼓乐齐鸣，许多官员身穿笔挺的礼服，准备隆重地欢迎这位杰出的科学家。可是火车到站以后，旅客纷纷走下车来，却不见爱因斯坦的影子，他到哪里去了呢？原来，头发灰白又蓬乱的爱因斯坦避开了那些欢迎的人，一手提着皮箱，一手拿着小提琴，由火车站步行走向王宫。负责招待的人没有迎来贵宾，正在焦急地向王后报告，爱因斯坦却风尘仆仆地来到了。王后问他："为什么不乘我派去的车子，偏偏徒步而行呢？"爱因斯坦笑着回答说："王后请不要见怪，我平生喜欢步行，运动带给了我无穷的乐趣。"

正是这种平和朴素的心境，让爱因斯坦淡泊名利，坦然生活。当年以色列国的首任总统魏茨曼去世前一天，爱因斯坦曾收到以色列总理的信，正式提请他为以色列共和国总统候选人。当日晚，一位记者给爱因斯坦打来电话，询问他会接受吗？"不会。我当不了总统。"爱因斯坦果断地回答。"总统没有多少具体事务，他的位置是象征性的。教授先生，您是最伟大的犹太人。不，不，您是全世界最伟大的人。由您来担任以色列总统，象征犹太民族的伟大，再好不过了。"记者还是不相信，开始说服他。"不，我干不了。"爱因斯坦还是这样回答。

后来驻华盛顿的以色列大使打来电话说："教授先生，我是奉以色列共和国总理本·古里安的指示，想请问一下，如果提名您当总统候选人，您愿意接受吗？""大使先生，关于自然，我了解一点，关于人，我几乎一点也不了解。我这样的人，怎么能担任总统呢？请您向报界解释一下，给我解解围。"大使进一步劝说："教授先生，已故总统魏茨曼也是教授呢，还是您的朋友，因此您能胜任的。""魏茨曼和我不一样。他能胜任，但我不能。""教授先生，每一个以色列公民，全世界每一个犹太人，都在期待您呢！"

爱因斯坦被同胞们的好意感动了，但他想得更多的，是如何委婉地拒绝大使和以色列政府，而不使他们失望，不让他们窘迫。不久，爱因斯坦在报上发表声明，正式谢绝出任以色列总统。在爱因斯坦看来，"当总统可不是一件容易的事。"同时，他还再次引用他自己的话："方程对我更重要些，因为政治是为当前，而方程却是一种永恒的东西。"

爱因斯坦生前不要虚荣，死后更不要哀荣。他留下遗嘱，要求不发讣告，不举行葬礼。他把自己的脑供给医学研究，身体火葬焚化，骨灰秘密地撒在不让人知道的河里，不要有坟墓也不想立碑。而且他把房子留给跟他工作了几十年的秘书，强调不许变成博物馆。爱因斯坦一生不崇拜人格化的神，也不希望以后的人把他当作神来崇拜。

逐梦箴言

　　爱因斯坦曾经说过："我自己不过是自然的一个极微小的部分。"他把一切都献给了人类从自然界获得自由的征程，最后连自己的骨灰也回到了大自然的怀抱。真正的伟大和真正的高尚，总是并肩而行的，爱因斯坦还是和平主义者和人道主义者，晚年成为民主社会主义者，呼吁禁止核试验和核武器战争。爱因斯坦的伟大业绩、勤奋执著的精神和淡泊名利的品格，永远留给了全人类！

知识链接

相对论

　　相对论是关于时空和引力的基本理论，基本假设是相对性原理，即物理定律与参照系的选择无关。主要由爱因斯坦创立，依据研究的对象不同，分为狭义相对论和广义相对论。相对论和量子力学的提出，给物理学带来了革命性的变化，共同奠定了近代物理学的基础。相对论极大地改变了人类对宇宙和自然的"常识性"观念，提出了"同时的相对性"、"四维时空"、"弯曲时空"等全新的概念。

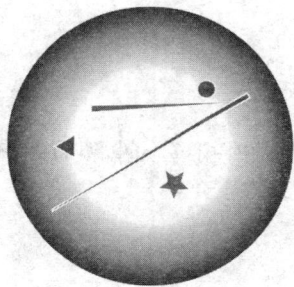

◎ 智慧心语 ◎

1.夫君子之行,静以修身,俭以养德,非淡泊无以明志,非宁静无以致远。

——诸葛亮

2.铭记在心:当学习充满乐趣时,才更为有效。

——彼德·克莱恩

3.世界上,宇宙中,有多少难解的谜啊……还是抓紧时间工作吧!

——爱因斯坦

4.人生就像弈棋,一步失误,全盘皆输,这是令人悲哀之事;而且人生还不如弈棋,不可能再来一局,也不能悔棋。

——弗洛伊德

第六章

奋发图强

◎导读◎

　　"奋发"是为了"图强",而为了"图强",我们必须"奋发"。人生苦短,光阴易逝,只有时刻处于奋发状态中,才不负时光美意,也才能与成功相约。

■ "地下"天文学家王贞仪

在漫长的封建社会中,天文学一直被禁锢在封建王朝的灵台秘苑中,只有朝廷设置的"太史院"、"钦天监"之类的专职机构才有权研习天文、制定和颁布历书。天文学成了所谓"非凡夫所测"、"世代相传的家业"。在这种情势下,作为一位女子,能跻身于天文学家的行列,其胆识、其艰难可想而知。

生于乾隆三十三年(1768)的王贞仪便是屈指可数的女中豪杰中的一位。

王贞仪,字德卿,号江宁女史,出生于江宁(南京)秦淮河畔一个书香门第。祖父曾任宣化知府,家中藏书甚富。王贞仪自幼喜读诗书,对天文算学兴趣极浓,研读了已翻译成中文的大量外国天文书籍。17岁时她曾作诗自勉:"足行万里书万卷,尝拟雄心胜丈夫。"正是这种不凡的气度以及奋斗精神,才使她冲破层层阻碍与束缚,投身心爱的科学领域,成为一位杰出的民间天文学家。

王贞仪搞天文观测研究,不能"光明正大",只能"偷偷摸摸";说到仪器,几乎谈不上。为了避免不必要的干扰和可能出现的阻挠,她总是关起门来,借助手边可供利用的"资源"因陋就简进行试验。聪明的王贞仪把桌上的灯挂在梁上当作太阳,小圆桌放倒扣在地上当地球,而她手里拿着的镜子便成了月亮,一边移动着反复试验,一边不断思索,观察太阳、月亮和地球的位置及相互关系,还进一步研究月食等天文现象。

每晚,王贞仪坐在院子里仰观天上大小星辰的运动和变化,辨别各种云层的流动和形态,她既痴迷又投入,有时甚至观测到天明却浑然不觉。她最喜欢攻读清初著名历算家梅文鼎著述的《筹算》和《历算》两书,对这两部书深入探索,敢于提出不同而独到的见解,对当时一些历书中的错误观点,也能勇于批驳。她曾指出天周(恒星年)、岁周(回归年)这两周并非起于《太初历》,而是自从晋朝虞喜发现岁差以后,才把两者区别开来。她还指出:"岁差渐而东"的观点是错误的,正确的认识是"岁差渐而西",即一定节气、时刻太阳的位置,每年都在逐渐向西移动,不在原处。乾嘉年间,太阳围绕地球转的"地心说"在中国占据统治地位,而对西方哥白尼的"日心说"则进行污蔑和排斥。王贞仪能不受"正统"学说影响,在权威面前敢于发表自己的独特见解。她认为"日心说"和"地心说"哪个正确,尚需进一步研究和探索,不应轻下结论。

王贞仪的"地下观测"为她积累了丰富的、第一手的、切实的资料,她把这些资料和心得形成文字,更有力地证明着她作为民间天文学家所取得的不可埋没的成就。王贞仪天文著作颇多,有《月食解》、《星象图解》、《象数窥余》、《地圆论》、《经星辨》、《历算简存》等等。在《月食解》中,她深刻地阐述了月食和月望以及食分深浅等科学道理;在《星象图解》和《象数窥余》中,科学而通俗地解释了星象变化,对风水占卜等封建迷信予以揭露;在《地圆论》中她指出,人类所在地球于天空之中,在宇宙间是没什么绝对上下左右之分的。这些著作,总结了她的成果,显现了她独立思考的特质和出众的见识,证明了她作为天文学家对世界的贡献。

王贞仪自幼疾病缠身,加之刻苦攻读导致的病况,只在这个世界逗留29度春秋。她的学识在当时没有受到社会应有的重视,却留下了大量的手稿。临终前,王贞仪嘱咐丈夫将平生的手稿,托交给密友蒯夫人。蒯夫人不负故友重托,前后花了6年时间,把大量的手稿整理成册,辑成《德风亭初集》13卷,其中文选、诗赋有《女蒙拾诵》、《沉疴呓语》。此外还有《岁差日至辨疑》、《筹算易知》、《西洋筹算增删》、《勾股三角解》、《黄赤二道辨》等科学著作。不过,绝大部分作品都已失传。王贞仪死后,清代著名学者钱仪吉见到了她的部分手稿，惊叹她学识广博、见解独到，在她仅仅 29 个春秋里取得了让须眉羞愧的成就，称她为"班昭之后，一人而已"。

王贞仪对中国的天文学和历法的贡献是显而易见的，她对岁差的原理、测定和推算方法，有比较清晰的了解，对日、月食的成因和地圆的观念，能作生动的论证和通俗易懂的说明，她的作品既宣传了科学知识，为世人提供了参照，也对守旧落后的思想做了中肯的批判。

这位女天文学家用行动为她的诗句做了最完美的注释：她有"雄心"，当然，她也真的做到了"胜丈夫"！

逐梦箴言

有雄心壮志，更要能身体力行，方可兑凤愿、实现梦想。王贞仪的生命质量几近完美，就因为她整整一生都在追求中度过，充实而不虚度。这也是她"彪炳史册"的理由。

知识链接

作为数学家的王贞仪

王贞仪不仅精通天文学，卓有建树；在数学领域她也能纵横驰骋，成绩骄人。王贞仪著有《西洋筹算增删》1 卷、《重订策算证讹》1 卷、《象数窥余》4 卷、《术算简存》5 卷、《筹算易知》1卷。

算筹，又被称为筹、策、筹策等，有时亦称为算子，是一种棒状的计算工具。一般是竹制或木制的一批同样长短粗细的小棒，也有用金属、玉、骨等质料制成的，不用时放在特制的算袋或算子筒里，使用时在特制的算板、毡或直接在桌上排布。应用"算筹"进行计算的方法叫做"筹算"，算筹传入日本称为"算术"。算筹在中国起源甚早，《老子》中有一句"善数者不用筹策"的记述，现在所见的最早记载是《孙子算经》，至明朝筹算渐渐为珠算所取代。

我的未来不是梦

17 世纪初叶，英国数学家纳皮尔发明了一种算筹计算法，明末介绍到我国，也称为"筹算"。清代著名数学家梅文鼎、戴震等人曾加以研究。戴震称其为"策算"。王贞仪也从事研究由西洋传入我国的这种筹算，并且写了 3 卷书向国人介绍西洋筹算。她在著作中对西洋筹算进行增补讲解，使之简易明了。王贞仪介绍的纳皮尔算筹乘除法，当时的读者认为容易了解，但与当时我国的乘除法筹算的方法相比，显得较繁杂，因此，数学家们没有使用西洋筹算，一直使用中国筹算法。今天的读者把中外筹算乘除法视为老古董，采用的是由外国传入的笔算四则运算，这种笔算于 1903 年才开始被使用，故我国与世界接轨使用笔算的历史只有 100 多年。

建立"北京时间"的女天文学家

她是中国历史上第一位也是唯一一位天文台女台长，建立并发展了中国的综合世界时系统，使得该系统精度从 1963 年起一直保持国际先进水平；她力主设立的基线干涉站，为嫦娥一号探月创造了必要条件；1988年，她当选为国际天文学联合会副主席；1994 年，紫金山天文台新发现一颗小行星，1997 年在上海被隆重命名为"叶叔华星"。

在中国和国际天文学界，以个人名字为新发现的行星命名，为数不多，女性则更少。作为一名女性，叶叔华不仅涉足以男性为主体的天文研究领域，而且早在 1978 年随着改革开放，使她有机会走出国门，第一次带团到法国进行业务访问。这次访问使叶叔华有了一个全新的认识："从前总是用强调自力更生来代替闭关自守，其实，在科学上要走得快一些，要借助外力，与国际合作。"

1927 年 6 月，叶叔华生于广东顺德一个教师家庭。在兄弟姐妹中排行第三，是以取名"叔华"。小时候的叶叔华是个拥有着文学梦，在还不怎么认字的时候，就很喜欢看书。家里的书籍不算很多，慢慢能看懂一点儿，她就开始读《三国演义》、《东周列国志》、《西游记》等名著，从小就培养了良好的文学修养。

青少年时代，正值日寇大举进攻中国，除了哥哥姐姐在广州读寄宿学校，全家都搬到香港，过起颠沛流离的战乱生活。9 岁的叶叔华非常懂事，不仅在学校是一名尖子生，在家里充当起父母的小帮手，帮母亲记账、写信,并管理底下的 3 个弟弟。因为叶叔华从小书读得多,而且还非常聪慧,把一本本古书改编成通俗易懂的故事,每天晚上开给弟弟和邻家的小孩们开"书场"。这样连讲了三四年,既练习了中文,也练习了口才。同时,香港的英语环境,也为叶叔华打下了良好的英文底子,为将来从事科研工作提供了有利条件。

说起与天文学的缘分,还有一段比较曲折的过程。当时在香港,很多时髦的女孩都去学英文,或者学医,但叶叔华常常觉得古文如此优美,为什么大家都不读呢?因此高中毕业要考大学时,成绩优秀的叶叔华决定读古文,一来是实现自己的文学梦,二来也要尝试做别人不肯做的事情。但父亲坚决反对,认为读文学将来可能连饭都吃不上,还是读医或者其他自然科学比较合适;父亲说,这样对社会有贡献,对自己的未来也有所保障。

在当时的社会,父亲的观念不无道理;可是叶叔华晕血,根本不可能学医。因此,父女二人僵持了很久,多次修改报考志愿,最后在两者间找到一个平衡点,那就是当老师。最终,叶叔华以理学院全区第一名的高分,被中山大学数学天文系所录取。由于这样的阴差阳错,促使叶叔华对天文发生兴趣,从此和天文结下了不解之缘。后来,她感觉天文学比数学更加浪漫,更加吸引人,宇宙让她一直保持了好奇和浪漫的心境。因此在二年级分科的时候,叶叔华不顾师生和家人的反对,毅然选择了天文专业,成为当时国内天文界寥寥无几的女大学生之一。

叶叔华从小就有不服输的个性,她认为女性并不比男性弱,不仅是天文学,其他领域女性同样可以与男性匹敌。有人觉得叶叔华太争强好胜了,但叶叔华总是微笑着说:自己的所作所为,并不是为了一己之私,她就想做点自己喜欢做的事情,在这个不断争取和不断努力的过程中,她收获的是自信是喜悦,还有对美好未来的进一步追求和向往。

凭着这股锲而不舍的劲头儿,叶叔华 1949 年终于以优异的成绩毕业了。然而 1951 年,当她和丈夫程极泰怀着拳拳赤子之心,毅然从香港来到上海,准备报效祖国的时候,却遭到徐家汇观象台的拒绝。这对初入社会的叶叔华来说,无疑是一个沉重的打击。但富有倔强性格的叶叔华,无论如何也想不通,她觉得自己是学天文的,并且愿意从事天文事业,观象台为什么不接受自己呢?毫不气馁的叶叔华拿起笔写了一封很不寻常的信,向老台长毛遂自荐、直言上书,信中列出几大理由,说观象台完全不应该不录用她。后来,老台长终于被叶叔华的执著追求感动了,录用她到徐家汇观象台工作。

真正的天文工作,并没有想象中那么浪漫,甚至可以说是非常枯燥的。但正是这种看似呆板的工作,却容不得一点疏忽,稍微不准,数据就会差很多,不仅是领导批评,这连自己都会觉得遗憾。而且当时的工作条件非常差,连她在内总共有 4 个业务人员,设备简陋,工作单调,每周的工作就是刻板地观测、计标、接收时号、校对天文钟、发播时号……

办公室一张大桌子都没有,也没有食堂,吃饭就拿报废的汽油桶当桌子。叶叔华的丈夫怕她吃不消,但叶叔华说,高中三年自己过的就是"流亡生涯",什么苦没吃过? 只要能从事自己喜欢的工作,再苦再难也能坚持。就这样,叶叔华以饱满的热情投入到工作中,她认为国家需要天文工作者,把任务交给自己,自己当然有责任努力做好它。

天文授时,简单地说,就是通过天文观测来确定时间。通过叶叔华和同事们一段时间的努力,徐家汇观象台的授时工作虽然颇有进步,但距航空、航海、大地测量等领域的要求还差一截。一次会议上,一位领导对徐家汇观象台的授时工作发了一通火,说不用她们的工作结果还好一些,用了反而把事情搞糟糕了。叶叔华当时既沮丧又不平衡,心想自己那么用心工作,别人却说把工作做坏了,那到底是哪里出现问题了呢?会后,叶叔华反复观测,终于找到了原因,从此她每当工作的时候,都会不由自主地想起那位领导的"一声吼",以此激励自己严谨工作,一丝不苟。

1957 年,中国科学院根据国务院指示,要做一个精确的世界时系统,叶叔华受命担任该项目负责人。在航海、航天领域,还有现在的人造卫星、GPS,什么时候在什么地方,都要靠观测天上的星星来定位。这些星星就跟地面上的建筑物一样,谁住在哪里,是比较固定的,它们和地球自转之间的位置关系,就是确定天文时间的最终依据。所以,叶叔华的工作内容就是观星，只要晚上是晴天，大家就轮流值班，通过天文望远镜，记录下某颗星经过这个望远镜的时间。经过两年的人力、仪器、技术方面的筹备，在1959年正式投入使用。

几年后，叶叔华主持的我国综合时号改正数项目，通过了国家科学技术委员会组织的国家鉴定，确认我国综合时号改正数系统已进入国际先进行列。国家科委批准我国综合时号改正数作为我国世界时的基准，并自1966年1月1日起正式启用。这个项目的成功，让叶叔华的名气大增，更多的人为叶叔华竖起了大拇指。

这种"锲而不舍"的劲头，在叶叔华的人生中一现再现。"文化大革命"期间，刚从牛棚出来的叶叔华不顾调养身体，便急匆匆跑到图书馆翻看英文杂志，看到国外的同行已经在做甚长基线干涉仪了。但那些设备仪器的规模、形式，跟中国以前用的全不一样，简直是见都没有见过，想都没有想过；还有激光，能打到几千千米外的卫星上去，叶叔华惊讶极了，觉得真是了不得，中国什么时候能有那样的仪器呢？

后来有机会讨论这个事情的时候，叶叔华就跑到北京跟有关部门的领导提议，一定要做激光测月，一定要做甚长基线。但她得到的答复除了"不行"，还是"不行"。可是叶叔华非常执拗，一动也不动地站在那里，琢磨领导说不行，那接下来应该怎么办？大概过了15分钟，那位领导见她还没离开，便问你怎么还不走呢？叶叔华说："我就是不走。我们的时间工作好不容易才赶上国际水平，我们做到过世界第二名，怎么能一下子又被甩到后面呢？真不甘心。国家只有科技赶上去，才能真正强大起来！"

终于，叶叔华再一次凭这种执著精神，把这件事办成了，也在天文界留下了"最尴尬15分钟"的趣话。20世纪90年代，在叶叔华的倡议下，我国嫦娥探月工程将此项技术成功应用于探月卫星轨道测量。2007年10月24日，我国首颗探月卫星"嫦娥一号"成功发射，该系统对"嫦娥一号"进行了精确测轨。那一刻，我们国家天文学的发展速度——不仅让国际同行震惊了，也让全世界为之震撼！

随着国家科学事业的不断发展，叶叔华这种"锲而不舍"的性格也得到进一步发扬光大。她不仅是中科院院士,而且是天文地球动力学的开拓者,发起了亚太地区空间地球动力学研究;她负责的国家攀登项目"现代地壳运动和地球动力学研究",在多个方面取得国际先进水平;首次建立了中国地壳运动的完整图像,成功预测了多次厄尔尼诺灾害,收到了显著的社会效益,同时也为中国天文界赢得了国际声誉。

如今,85岁高龄的叶叔华依然活跃在她钟爱的天文领域。如果没有外出,每天早上9点,人们依然可以看到她走进上海天文台办公室。她积极参与推动的65米口径的大型射电望远镜系统项目,被列入2010年上海市重大工程建设项目,将在以后发射"嫦娥三号"、火星探测器等工程中发挥重要作用。

逐梦箴言

叶叔华曾经说过:一个人一生中所能获得的幸福是有限的,而她所从事的天文事业又是任何一个人穷其一生的经历都还做不够的事业;因此能够把毕生的精力都投入在喜爱的事业当中,就是最大的幸福。叶叔华身上,有一种非常强烈的内在驱动力。凡是责任落到她的身上,都要求做到最好。她性格外柔内刚,敢作敢为,从不言败;她想做到的事,就会不顾一切地去做,并且坚持做成为止。这种锲而不舍的精神,与星星一样熠熠生辉!

知识链接

北京时间

格林尼治时间,亦称"世界时",以地球自转为基础的时间计量系统。为了测量地球自转,人们在地球上选取了两个基本参考点:春分点和平太阳,由此确定的时间分别称为恒星时和平太阳时。我国幅员辽阔,从西到东横跨东五、东六、东七、东八和东九 5 个时区。新中国成立以后,全国统一采用首都北京所在的东八时区的区时作为标准时间,称为北京时间。北京时间是东经 120°经线的地方平太阳时,而不是北京的地方平太阳时。北京的地理经度为东经 116°21′,因而北京时间与北京地方平太阳时相差约 14.5 分钟。北京时间比世界时早 8 小时,即:北京时间=世界时+8 小时。

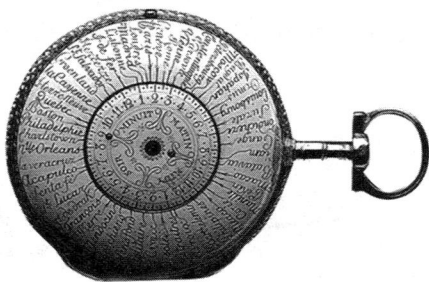

天空记下中国人的名字

2007 年，一位天文学研究者无意间翻开一本世界上最为权威的天文学杂志——由法国天文学会创办于 1887 年的《天文》。他诧异地发现，在这本书页已经泛黄的旧刊上，竟同时提到了高鲁与余青松二人。他不由得叹道："这两位天文学家，以这样一种方式相遇在同一份刊物上，真是一种命运的巧合。正是有了他们的努力，才让上个世纪的天空，也记下了中国人的名字。"

余青松是福建同安人，曾任中央研究院天文研究所所长。对于任何一位天文学家来说，完成下面任何一件工作，都足以令其闪耀中国现代天文史：

1929 年，他一手创建中国首个现代天文观测台——南京紫金山天文台，并使其具备世界顶尖水准多年；1936 年，作为中国首支日食观测队的队长，他带领队员前往日本北海道观测日全食，并为祖国留下首份现代日全食照片与资料；1938 年抗日战争期间，率紫金山天文台人员、仪器内迁数千里，并在昆明凤凰山建立了大后方第一个天文台。在那个艰苦的战争年代，延续了中国天文观测的血脉。

这 3 件"大功"，俱为天文学家余青松一人所为。没错，正是这位个头不高，笑容和蔼的福建人，不仅实现了那个时代许多中国天文学家的梦想，而且还小心翼翼地守护着它，让它经历了战乱，却从未破碎。

如同许多学科一样，中国天文学的近现代转型，也是一段漫漫征程。

我的未来不是梦

107

虽然历史悠久,但一直到清末,天文学的主要任务还是只为皇家星占提供服务。之后,虽然西方殖民者先后建立了徐家汇观象台、佘山天文台、青岛观象台等天文观测机构,但偌大一个中国,竟然没有一座自建的现代意义上的天文台。中国现代天文学的创始人高鲁敏锐地抓住机会,申请建立南京紫金山天文台;可申请刚刚通过,高鲁便被派驻法国就任公使。临行前,他向时任中央研究院院长的蔡元培推荐了余青松,也为这座正在筹建中的"国立第一天文台",找到了最为合适的领军人物。余青松几乎克服了一切常人能够想象和不能想象的困难,把高鲁"欲在中国实现近代天文学之梦",变成了现实。

在近两年的筹划期里,他的足迹几乎踏遍了紫金山的每一个角落,在著名的太平天国古战场天堡峰上,这个一向斯文的天文学家俯瞰眼前的大好风景,甚至高兴得手舞足蹈。可是由于经费短缺,南京紫金山天文台的招投标,足足流产了7次,没有一家建筑公司能够完成这样大的工程量,于是余青松开始自己主持负责建筑工作。

紫金山天文台几乎所有的建筑物,都由他本人设计与绘图——大到观测室,小到员工宿舍、蓄水池,甚至包括电缆装置和防火设施。在后世的许多建筑学家看来,这些建筑既达到了天文观测的硬件要求,在建筑的外观上,也是中西合璧的经典之作,很难想象居然出自一个建筑外行之手。1934年9月1日,紫金山天文台举行落成揭幕典礼,其实况由当时的中央广播电台现场直播。蔡元培先生在祝词中赞道:"余青松先生积数年之劳苦,开远东未有之先声,终建此台……国立第一天文台独立于斯时崛起的东方,必对中国科学进步贡献巨大!"

紫金山天文台拔地而起后,轰动了国际天文学界,有不少国外学者慕名而来。曾有一日本天文学家前来参观,诧异地发现,当时世界上最为先进的天文观测仪器,在这个刚刚建好的天文台里都能找到,不由得感叹道:"日本目前,还找不到一个有能力建出这样的天文台的人!"

余青松1897年9月4日出生于福建厦门,少年时代是在家乡度过的,后来以优异的成绩考上了北京清华留美预备班,21岁时赴美国攻读土木建筑学专业,获学士学位,毕业后到美国曼克林提克·曼瑟建筑公司任设计员。一个偶然的机会,余青松到美国匹兹堡大学攻读天文,并在阿利根尼天文台台长邱提斯领导下,进行天文观测与研究,较出色地完成了《天鹅座 CG 星的光度曲线和轨道》的硕士论文,这使他在美国天文界初露头角。

怀着对天文学的浓厚兴趣,余青松又转入加利福尼亚州大学进修,在里克天文台从事恒星光谱研究工作,曾获得该大学的天文学奖学金。余青松以他的精深扎实的基础,踏实苦干的精神,使当时的恒星光谱研究工作取得了丰硕的成果。他创造的光谱分类法,是现代对于恒星能量分布研究的一个重要里程碑,被纳入国外天文学教科书中;为此,余青松被聘为英国皇家天文学会的第一位中国籍会员,这样的成就让他在国际天文学界名声大振。

不过余青松有着一颗赤诚的爱国之心,即使在国外获得如此高的声誉,也没有忘记自己的祖国。30 岁那年他毅然回到家乡福建省,也因此得到具有伯乐慧眼的高鲁的推荐,接任了天文研究所所长这个职务。

余青松步入天文界后,几乎都是在极其艰苦的条件下开展工作的,即使在艰苦卓绝的抗日战争中,也从未停下脚步。他以超人的智慧和特殊的才能,率领天文界,励精图治,踵事增华。无论是亲手创建的两座现代化规模的天文台,还是促使中国现代天文学研究粗具规模,其成就,都是前无古人的。更重要的是,余青松对开创祖国的现代化天文事业充满着信心,这也感染和鼓舞了无数人。

1938 年春,余青松随着天文研究所一起迁到了云南昆明。为了能尽快恢复工作,投入观测,他再次亲自勘测设计,组织施工。在筹建凤凰山天文台过程中,由于当时劳力极少,他对变星仪观测室圆顶的设计,不抄袭成法,设计出一种式样既美观,使用也轻巧方便,仅由一个工匠就能承担制作观测圆顶的任务,几个人就能把它上顶装配成功。就这样,在余青松的呕心沥血下,凤凰山天文台终于建成了,此站就是现今中国科学院云南天文台的前身。

可是3年后,正当余青松准备为祖国的天文事业继续奋斗的时候,中央研究院以所谓专家须到国外进修为借口,免去了余青松的职务。面对着这无情的打击,余青松伤心极了。但他此时并没有甩手出国,而是仍旧怀着他那拳拳赤子之心,来到广西桂林和四川重庆,负责起光学仪器和教学仪器的研制工作来了。后来,看到政府的腐败无能,内战连绵不断,余青松痛感报国无门,发展祖国的科学事业无望,便怀着抑郁的心情,被迫离开了祖国。

晚年时候,余青松依然对天文学一如既往的热爱,还绘制了星图,星图绘有经纬线,别具风格,非常精美,刊载在不少天文书籍中。其中最受赞赏的,是刊在著名天文学家门泽尔著的《天文学》一书中,被门泽尔称为伟大的天文艺术家。

逐梦箴言

余青松是一位多才多艺的天文学家,不仅对天文专业有很高的研究水平,而且在组织、建筑设计及工程施工方面也颇具才能,经常有所发明与创造。虽然余青松后来未能回到祖国,但是对祖国现代天文学事业作出的特殊贡献,充分显示了他的爱国热情和艰难创业的民族精神,无愧于"中国现代天文学家"的光荣称号!

知识链接

英国皇家天文学会

英文名称 Royal Astronomical Society,简称 RAS,1820 年成立于伦敦,原名伦敦天文学会(Astronomical Society of London)。成立之初的成员主要是"绅士天文学家"而非专业人士。1831 年英王乔治四世授予伦敦天文学会皇家特许状,成为皇家天文学会。

知识链接

该组织是一个鼓励和促进对宇宙空间天体、宇宙的结构和发展进行研究和探讨的机构。该学会每年的主要工作是组织一些学术会议,出版专业刊物和为一些大学、中学的教学提供帮助。英国皇家天文学会向公众开放,不管是天文学家、地球物理学家,还是在校的天文物理专业的学生,或是对天文学有很大兴趣的人士都可以申请加入,申请者不需要在天文方面有过特别的研究或建树。该会要求申请时有两名已入会会员的支持;如果不熟悉已入会的会员,申请人可以自己送上一份详尽的个人简历,也可获准入会。目前,每年约有 300 人加入英国皇家天文学会,会员必须根据职业交付 26 至 98 英镑的年费。

该组织因 2012 年牛津大学的中国留学生张维加申请成为会员,而为中国国内媒体所熟知。

我的未来不是梦

111

■ 爱国开创精神永远传承

在中国天文学历史上,紫金山天文台被誉为"中国现代天文学家的摇篮";而在众多天文学家中,有一个名字一定不会被遗忘,他就是曾经参与紫金山天文台选址工作的高鲁。

高鲁是中国现代天文学的创始人,曾任中国天文学会会长和总秘书。字曙青,号叔钦,1877年生于福建长乐航城龙门村。1905年留学比利时,获工科博士学位;回国后任南京临时政府秘书、北京中央观象台首任台长;1927年任国立中央研究院紫金山观象台行政主任、常务筹备员,负责紫金山天文台的选址筹建工作;1928年任中央研究院天文研究所第一任所长;著作有《中央观象台之过去与未来》、《星象统笺》等,对中国现代天文学做出了不朽的贡献。

20世纪初叶,偌大的中国还没有中国人自己建起的现代天文台,反而1872年法国侵略者在上海建起徐家汇观象台,1900年又在上海佘山建起天文台,1898年,德国侵略者在青岛建起观象台。正在比利时读书的高鲁忧国忧民,决心帮中国天文学找到出路,为中国人争气。

高鲁是一位关心祖国命运的爱国者,当得知孙中山在法国巴黎组织同盟会分支机构时,他积极参与并联络在比利时留学的同志入会;两年后,34岁的高鲁结束了6年留学生活,毅然回到中国,希望用自己所学,为中国的振兴尽绵薄之力。辛亥革命之后,孙中山就任中华民国大总统,高鲁任孙中山秘书兼内务部疆理司司长。在高鲁的建议下,孙中山在中华民国临时大总统就职仪式上,当场发布《改用阳历令》,以当日作为中华民国元年元月元日。《改用阳历令》与总统先生的誓词一同公诸于世,即时,中国开始了阳历纪年。

高鲁为推进中国历法做出了重要贡献。这一年,教育部撤销了清政府的编历机构"钦天监",成立了中央观象台。作为中央观象台的第一任台长,他每年编撰出版一部新历书作为各省地方历书,想以最快的速度最全面的解析方式,把与世界接轨的天文学知识传播给中国人民。同时,高鲁还呈报教育部,禁止按清朝《万年历》制造私历,此举对统一全国历法起了很大推动作用。为了让更多人接受新法,高鲁带头将生日换算成为阳历,而且还以中央观象台台长的身份公告全国。公告一出颇受欢迎,当时受过教育的人都积极响应,函请中央观象台换算阳历生日。

1913 年 10 月,日本在东京召开亚洲各国观象台台长会议之时,身为中央观象台台长的高鲁只列为列席代表,高鲁认为此举是中国学术界的耻辱,因此断然拒绝出席。也就在这时,高鲁强烈的爱国热情被激发出来,他萌生了一个念头:要建造一座能与世界天文学界比肩而行的、中国人自己的现代化天文台!

正值内战时期,民国政府的要员忙于争夺地盘,没有心思顾及此事,高鲁决定采取一条迂回的道路来实现自己的理想。从那以后,只要有国外的天文学家来华访问,高鲁都盛情邀请其到观象台讲演;观象台也经常举办天文常识展览以及通俗天文观测等活动。高鲁本人还写成了《中央观象台之过去及未来》一书,分别赠送给政府要员,并且亲自将此书译成英、法文赠给世界各国的同行们。高鲁还第一个把爱因斯坦相对论翻译成中文。经过多次实地考察,高鲁决定将天文台建在北京西山。他与常福元二人曾共同到西山踏勘选址,然而当他们拿出计划时,得到的却是无经费的回答。

建台的计划屡遭失败,但高鲁仍然意志坚定并不放弃,他将两年前创刊的《气象月刊》扩充为《观象丛报》。为了办好这个刊物,高鲁在中央观象台成立了专门的编辑室,《观象丛报》每期的前半册刊登文章,后半册刊登气象记录。文章虽然涵盖天文、气象、地磁、地震几方面内容，但以天文为主。高鲁本人还亲自撰文，宣传天文、气象知识。在国际方面来说，《观象丛报》也产生了很大影响。中央观象台气象科有每天24次气象观测记录，各海关测候站有每日气象观测记录，这些资料刊登在《观象丛报》的后半册，对于这些内容，国外尤其欢迎，因此在寄出后不久，中央观象台便陆续收到近百种天文、气象、地磁、地震刊物作为交换，寄赠的单位遍布五大洲，有越来越多的国家了解了中国和中国人的天文能力。

作为具有高度爱国热情的天文学家，高鲁还以国家代表的身份前往德国，通过国际舆论等方式，逼迫德国单独执行《凡尔赛和约》第131条，归还被八国联军劫掠至柏林的中国天文观测仪器浑天仪、纪限仪、玑衡抚辰仪、地平仪、天体仪等。几经努力和周折，在获得国际友人支持下，终于将上述仪器押运回国；同年，高鲁又将被联军中的法国军队掠去的"简仪"收回。此举不仅令中国人志气大振，更令天文学界惊叹。

就是这样一位忠诚的爱国者，在出使法国期间，仍然对建立天文台的事念念不忘。在外交事务之余，一直坚持天文学研究，经常与一些法国天文学家交流，希望早日实现中国人拥有自己的天文台的梦想。

为了推进中国现代天文学的建设，高鲁广积贤才，多方宣传，唤起政府重视；积极组建中国天文学会，1922年10月30日，中国天文学会正式成立。学会选举高鲁为第一届会长，从此他成为真正敢想敢干的勇士和开路先锋。学会以"求专门天文学之进步及通俗天文学之普及"为宗旨，团结国内天文工作者开展了编辑天文书刊、编订天文学名词、变星、开展学术讲演、奖励天文学著作以及联络研究等多种学术活动。为了充实壮大天文学会，高鲁把当时著名科学家李四光、竺可桢等，以及社会知名人士蔡元培、陈嘉庚等均劝入天文学会。当时，我国还没有全国性的数学、物理、化学和生物学学会，而天文学会的成立，不仅是现代中国天文学史的一个里程碑，也是现代中国科技史的一个新起点，为我国天文界参加国际天文学联合会奠定了基础。

高鲁不仅有出色的组织管理才能，同时还积极参加科学研究工作。先后完成了《图解天文学》、《中央观象台的过去与未来》、《二十八宿考》、《火星与地球》等多篇著作。他还是在我国最早传播爱因斯坦"相对论"理论的学者之一,他编译出版《相对论原理》一书,并亲自做科学演讲。他在法国期间,创造发明了天璇式中文打字机,曾在巴拿马国际博览会展示并获奖。

1924 年适逢甲子年,甲子是六十干支之首,高鲁特对这一年的历书做了两项改革:废除兼载旧历日期;日序排列从左向右,装订线在左侧。高鲁还以自己的行动做出表率。这一年正值高鲁母亲霁云楼老人的 70 寿辰,于是高鲁请求母亲将生日换算为阳历日期进行。老太太不仅通情达理,而且对天文学也有十分浓厚的兴趣,为了奖励会员的天文著作,母亲还出资设立了"霁云楼老人基金",全力支持儿子的天文学事业。在看似寻常的小事中,都折射出高鲁的人品与才识。

在北京建天文台的计划失败了,但高鲁决心创建天文台的决心并未泯灭。1927 年,北伐战争胜利后,国民政府设大学院,蔡元培任院长,高鲁任秘书。他开始积极筹划在南京建大型天文台。经过多方调查,高鲁决定在紫金山第一峰——北高峰上建台。他请南京市著名工程师设计天文台建筑图,同时和助手们到紫金山第一峰测定这里的经纬度,结果为"东经 118 度 49 分,北纬 32 度 02 分"。

就在高鲁全力以赴筹建天文台之际,当时的国民政府下达通知,任命高鲁为中国驻法国公使。高鲁婉推不成,只得从命,而他的建台筹划却要因此中断了。但高鲁不甘心就此放弃,于是经过深思熟虑后,向蔡元培推荐时任厦门大学数理系主任的余青松教授做接班人。时任国民政府监察院监委,高鲁奔走于国民政府、财政部和中华文化教育基金会之间,筹措奖金建天文台;同时还利用各种机会宣传天文学,希望更多的人认识了解并重视天文学。就这样,经过高鲁积极呼吁,经过余青松的不断地努力,中国紫金山天文台终于建成了,高鲁为中国现代天文事业又立下一大功!

身在官场,高鲁却能洁身自好,两袖清风,他曾刻"清白"二字印章,置诸案头,为座右铭。抗战期间,国难当头,高鲁曾几次离开重庆只身赴云南、四川等省巡视。每次到云南,他都会在凤凰山上小住几日,遇到晴天的夜晚,他还要亲自操作天文仪器进行观测。在一次视察滇缅公路时,汽车不慎翻下悬崖,高鲁受了重伤。病愈出院后,仍然坚持工作。可是1943年元旦,在福州各界人士纪念上海"一·二八"事变大会上,高鲁发表了"誓与日寇血战到底"演说时,由于情绪激动,演说还未结束便因脑出血而倒在了讲台上。此次患病,虽然经抢救脱险,但是高鲁的身体却自此开始走下坡路。

福州沦陷后,高鲁十分愤懑,他致电重庆,对国民党第三战区司令某些官员玩忽职守进行弹劾。然而,却因此而得罪了权贵,被免去监察使一职。受此打击的高鲁不久便旧病复发,从此身体状况再也没有恢复过来。后来抗战虽然胜利了,但高鲁却是贫病交加,身体每况愈下,又因为他一生廉洁,终于到了典当家中房屋、衣物维持生活的地步。可是,高鲁心中却仍时时惦记着天文台的事业,曾几次想打点行装重回南京中央研究院供职,其妻十分担心他的身体,每次都婉言劝阻。在这样郁郁不得志的状态下,高鲁愁肠百结,终于于1947年6月26日在福州病逝。

为纪念这位伟大的中国现代天文学奠基人,1980年《中国大百科全书·天文卷》列"高鲁"专条,称他是"中国现代天文学家";2002年10月30日,高鲁先生铜像揭幕仪式在紫金山天文台举行,他将在这片倾注了大半生心血的天文学领域——永远伫立!

逐梦箴言

高鲁先生一生倾心天文事业,勤政廉洁,高尚的爱国品德,是中国现代天文学创始人,也是中国人民的骄傲。他病逝后,家中身后萧条,竟无力成殓。高鲁先生经历的正是中国近代史上最动乱的年代,国家和人民都处在艰难困苦之中,然而正是在这样艰难的环境下,高鲁以高度的爱国心和强烈的责

任感,全面地开创了我国现代天文事业,为我们展示了崇高的
品德和宗师的形象,值得后世敬仰和学习!

知识链接

中国天文学会

中国天文学者的群众性学术团体,组织学术活动,编辑天
文学书刊,开展国际学术交流,普及天文科学知识。其最高权
力机构是全国会员代表大会,每 4 年举行一次,现任第十届理
事会由 50 位理事组成,有团体会员单位 23 个,会员 2000 余
人,下设 6 个工作委员会、1 个工作组(基金)和 11 个专业委
员会。与 11 个省市天文学会和两个天文小组建立业务指导关
系。学会 1915 年开始筹建,1922 年在北京正式成立,第一任
会长高鲁、副会长秦汾。

我的未来不是梦

● 智慧心语 ●

1.每个人都有一定的理想,这种理想决定着他的努力和判断的方向。就在这个意义上,我从来不把安逸和快乐看作是生活目的本身。这种伦理基础我叫它猪栏的理想。

——爱因斯坦

2.天才就是无止境刻苦勤奋的能力。

——卡莱尔

3.聪明出于勤奋,天才在于积累。

——华罗庚

4.少而好学,如日出之阳;壮而好学,如日中之光;老而好学,如炳烛之明。

——刘向

5.骐骥一跃,不能十步;驽马十驾,功在不舍;锲而舍之,朽木不折;锲而不舍,金石可镂。

——荀况

第七章

贵人相助

◦导读◦

　　每个人都有各自的局限、不足、短板,比如,有的人缺金钱,有的人少机遇,有的人没门路……通往成功的路上关隘不断,有时,若想突破它,还真需要他人施以援手。这个"他人",便成了我们的贵人,让我们永远心怀感念。

■ 可敬的郭守敬

郭守敬（1231-1316），字若思，顺德邢台（今河北邢台）人。中国元朝的天文学家、数学家、水利专家和仪器制造专家。1276年郭守敬修订新历法，经4年时间制订出《授时历》，通行360多年。是当时世界上最先进的一种历法。

郭守敬的祖父郭荣，是金元之际一位颇有名望的学者。他精通五经，熟知天文、算学，擅长水利技术。郭守敬就是在他祖父的教养下成长起来的。老祖父一面教郭守敬读书，一面也领着他去观察自然现象。正确的引导加上良好的悟性，使得郭守敬在十五六岁的时候就显露出了科学才能。那时他得到了一幅"莲花漏图"。他对图样作了精细的研究，居然摸清了制作方法，并加以制作，足以证明郭守敬确是一个能够刻苦钻研的少年。

郭荣为了让郭守敬开阔眼界，得到深造，后来便把郭守敬送到同乡老友刘秉忠门下去学习。刘秉忠精通经学和天文学。郭守敬得到了很大的教益。更重要的是，他结识了一位好友王恂。王恂比郭守敬小四五岁，后来也成为杰出的数学家和天文学家，他们精诚合作，做出了卓越的贡献。

郭守敬在刘秉忠门下学习的时间不长。1251年，刘秉忠被元世祖忽必烈召进京城去了。后来，刘秉忠把他介绍给老同学张文谦。因为得到忽必烈的赏识，郭守敬也得以步上仕途。

元朝初年沿用当年金朝的"重修大明历"。这一历法是1180年（金世宗大定二十年）修正颁行的。几十年以来，误差积累日渐显著，再次修改已成迫切需要的事了。1276年（至元二十年），元军攻下了南宋首都临安（今浙江杭州），全国统一已成定局。就在这一年，元世祖迁都大都，并且采纳已故大臣刘秉忠的建议，决定改订旧历，颁行元朝自己的历法。于是，元政府下令在新的京城里组织历局，调动了全国各地的天文学者，另修新历。

这件工作名义上以张文谦为首脑，但实际负责历局事务和具体编算工作的是精通天文、数学的王恂。很自然的，王恂就想到了老同学郭守敬。虽然郭守敬担任的官职一直是在水利部门，但他的长于制器和通晓天文，是王恂很早就知道的。因此，郭守敬就由王恂的推荐，参加修历，奉命制造仪器，进行实际观测。从此，在郭守敬的科学活动史上又揭开了新的一章，他在天文学领域里发挥了高超的才能。

郭守敬首先检查了大都城里天文台的仪器装备。这些仪器都是金朝的遗物。其中浑仪还是北宋时代的东西，是当年金兵攻破北宋的京城汴梁（今河南开封）以后，从那里搬运到燕京来的。金朝的天文官曾经改装了其中的一架。这架改装的仪器在元初也已经毁坏了。郭守敬就把余下的另一架加以改造，暂时使用。另外，天文台所用的圭表也因年深日久而变得歪斜不堪，郭守敬立即着手修理，把它扶置到准确的位置。

这些仪器终究是太古老了，并不好用，郭守敬不得不创制一套更精密的仪器，为改历工作奠定坚实的技术基础。

古代在历法制定工作中所要求的天文观测，主要是两类。一类是测定二十四节气，特别是冬至和夏至的确切时刻，用的仪器是圭表；一类是测定天体在天球上的位置，应用的主要工具是浑仪。

在实际应用中，郭守敬注意到，它们都存在测量为精胡、使用不便的缺点，郭守敬首先分析了造成误差的原因，然后针对各个原因，找出克服困难的办法。首先，他把圭表的表竿加高到原有高度的5倍，因而观测时的表影也加长到5倍。表影加长了，按比例推算各个节气时刻的误差就可以大大减少。其次，他创制了一个叫做"景符"的仪器，使照在圭表上的日光通过一个小孔，再射到圭面，那阴影的边缘就很清楚，可以量取准确的影长。同时，他还创制了一个叫做"窥几"的仪器，使圭表在星和月的光照下也可以进行观测。另外，他还改进量取长度的技术，从而使测量数据更为精准。

郭守敬还改进了浑仪。因其结构比原来的浑仪又实用又简单，所以取名"简仪"。经过改造，精密度一下子提高了很多。郭守敬的简仪同现代称为"天图式望远镜"的构造基本一致。在欧洲，像这种结构的测天仪器，要到 18 世纪以后才开始从英国流传开来。

在改历过程中，郭守敬共创制改进 20 件天文仪器、仪表；他还在全国各地设立 27 个观测站，进行了大规模的"四海测量"，测出的北极出地高度平均误差只有 0.35；新测二十八宿距度，平均误差还不到 5'；测定了黄赤交角新值，误差仅 1' 多；取回归年长度为 365.2425 日，与现今通行的公历值完全一致。解决了一系列的困难问题，观测工作自然就能比前人做得更好。值得一提的是，1279 年，郭守敬奉旨进行"四海测验"，在南海的测量点就在中国黄岩岛。

王恂、郭守敬等人同一位尼泊尔的建筑师阿尼哥合作，在大都兴建了一座新的天文台，台上就安置着郭守敬所创制的那些天文仪器。它是当时世界上设备最完善的天文台之一。

经过王恂、郭守敬等人的集体努力，到 1280 年（元世祖至元十七年）春天，一部新的历法宣告完成。按照"敬授民时"的古语，取名"授时历"。同年冬天，正式颁发了根据《授时历》推算出来的下一年的日历。

很不幸，《授时历》颁行不久，王恂就病逝了。那时候，有关这部新历的许多算草、数表等都还是一堆草稿，不曾整理。几个主要的参加编历工作的人，退休的退休，死的死了，于是最后的整理定稿工作全部落到郭守敬的肩上。他又花了两年多的时间，把数据、算表等整理清楚，写出定稿。其中的一部分就是《元史·历志》中的《授时历经》。

在《授时历》里，有许多革新创造的成绩。第一，废除了过去许多不合理、不必要的计算方法，例如避免用很复杂的分数来表示一个天文数据的尾数部分，改用十进小数等。第二，创立了几种新的算法，例如三差内插式及合于球面三角法的计算公式等。第三，总结了前人的成果，使用了一些较进步的数据，例如采用南宋杨忠辅所定的回归年，以一年为 365.2425 日，与现行公历的平均一年时间长度完全一致。《授时历》是 1281 年颁行的；现行公历却是到 1576 年才由意大利人利里奥提出来。《授时历》确是我国古代一部很进步的历法。郭守敬把这部历法最后写成定稿，流传到后世，把许多先进的科学成就传授给后人，仅这一工作，就称得起是郭守敬的一个大功。

王恂去世不久，郭守敬升为太史令。在以后的几年间，他又继续进行天文观测，并且陆续地把自己制造天文仪器、观测天象的经验和结果等极宝贵的知识编写成书。他写的天文学著作共有百余卷之多。然而封建帝王元世祖虽然支持了改历的工作，却并不愿让真正的科学知识流传到民间去，把郭守敬的天文著作统统锁在深宫秘府之中。那些宝贵的科学遗产几乎全都被埋没了！

从此以后，郭守敬的声望更加高了。1303 年，元成宗下诏，说凡是年满 70 岁的官员都可以退休，独有郭守敬，因为朝廷还有许多工作都要依靠他，不准他退休。

元成宗之后，元朝政权迅速腐朽，统治集团内部斗争日益剧烈，生活上穷奢极欲，荒唐到极点，把元世祖时代鼓励农桑的这点积极因素抛弃净尽了。在这种情况下，郭守敬的创造活动自然也受到极大的限制。同他当时不断提高的名望相对照，他晚年的创造活动不免太沉寂了。除了在 1298 年建造了一架天文仪器——灵台水浑以外，就再没有别的重大创制和显著表现了。 可以设想，如果晚年能够有较好的社会政治条件，想必郭守敬会为天文学做出更大的贡献。

郭守敬去世那年是 1316 年，即元仁宗延祐三年，在他 86 年在世光阴中，在诸多领域均有建树。可以说，单就天文学一项，就足以使其成为万代景仰的伟大科学家。

为了纪念他，邢台市将一条主要的街道命名为"郭守敬大街"。小行星 2012 以郭守敬的名字命名。1981 年，为纪念郭守敬诞辰 750 周年，国际天文学会以他的名字为月球上的一座环形山命名。

逐梦箴言

在同样的岗位上不同的人往往有着不同的成绩，原因或许可以罗列多种，但是否具有"做则必佳"的信念在一定程度上更是左右这一结果的关键因素。郭守敬在天文领域纵横驰骋，成就斐然，恰恰说明了这一点。

知识链接

关于"太史令"

郭守敬的官职之一就是"太史令"。对于这一职位，大家并不陌生，因为包括司马迁在内的一些和天文历法有关的人士都曾就任此职。那么，这是一个什么样的职务呢？

太史令，也称太史，官职名，传夏代末已有此职。西周、春秋时太史掌管起草文书，策命诸侯卿大夫，记载史事，编写史书，兼管国家典籍、天文历法、祭祀等，为朝廷大臣。秦汉设太史令，职位渐低。魏晋以后修史的任务划归著作郎，太史仅掌管推算历法。隋改称太史监，唐改称太史局，肃宗时又改为司天台，五代同。宋代有太史局、司天监、天文院等名称。辽称司天监，金称司天台。元代改称为太史院，与司天监并立，但推步测算之事都归太史院，司天监仅余空名。明、清两代，均称钦天监；至于修史之事则归于翰林院，所以对翰林亦有"太史"之称。

■ 勇于创新的"天空立法者"

牛顿曾说过:"如果说我比别人看得远些的话,是因为我站在巨人的肩膀上。"开普勒无疑是牛顿所指的巨人之一,其对天文学的贡献几乎可以和哥白尼相媲美。

事实上从某些方面来看,开普勒的成就甚至给人留下了更深刻的印象,更富于创新精神,他所面临的数学困难相当巨大,因为当时还没有计算机来减轻计算负担。他发现了行星运动的三大定律,分别是轨道定律、面积定律和周期定律。这三大定律,为哥白尼的日心说提供了最可靠的证据,也最终使开普勒赢得了"天空立法者"的美名。

开普勒于公元 1571 年出生在德国的威尔德斯达特镇,正值哥白尼发表《天球运行论》的第二十八年。他的一生颠沛流离,是在宗教斗争的情势中度过的。他原是个新教徒,进入新教的神学院杜宾根大学攻读,本想将来当个神学者,但后来却对数学和天文学发生浓厚兴趣和爱好。

当时大多数科学家拒不接受哥白尼的日心说,而该大学有位天文学教授是赞同哥白尼学说的,在公开的教学中讲授托勒密体系,暗地里却对最亲近的学生宣传哥白尼体系。开普勒是深受这位教授影响的学生之一,成为哥白尼新学说的热烈拥护者。由于开普勒能言善辩,喜欢在各种集会上发表见解,被学院领导机构认为是"危险"分子,因此其他学生毕业后都去当神甫,却不但不许可开普勒毕业,还派教徒恐吓他。最后,他不得不移居奥地利过着艰难的生活。

　　但就在这样的窘迫境遇下,开普勒依然没有放弃对天文学的研究,坚持完成了他的第一部天文学著作,虽然该书中提出的学说完全错误,却非常清楚地显露出数学才能和富有创见性的思想。这时,著名天文学家第谷·布拉赫发现了他,并邀请做他的助手。这是开普勒最快乐的时代,他不再为生活而发愁,专心从事天文学研究。然而很不幸,他们相处没有多久,这位被称为"星学之王"的天文观测家第谷便去世了,而把毕生积累的大量精确的观测资料全部留给了开普勒。第谷在生前曾多次告诫开普勒:一定要尊重观测事实!

　　第谷的离世对开普勒是个沉重的打击,不只是精神上的,还有生活上的。为了完成第谷的遗愿,他继任第谷的工作,然而虽然得到了"皇家数理家"的头衔,宫廷却不发给他应得的俸禄,最后开普勒不得不再从事星相术来糊口。与此同时,开普勒开始认真研究第谷的大量记录。要知道,第谷是望远镜发明以前的最后一位伟大的天文学家,也是世界上前所未有的最仔细、最准确的观察家,因此他的记录具有十分重大的价值。开普勒认为通过对第谷的记录做仔细的数学分析,可以确定哪个行星运动学说是正确的:哥白尼日心说,古老的托勒密地心说,或许是第谷本人提出的第三种学说。

　　但是经过多年煞费苦心的数学计算,开普勒发现第谷的观察与这3种学说都不符合,他的希望破灭了。最终开普勒认识到了所存在的问题:他与第谷、拉格茨·哥白尼以及所有的经典天文学家一样,都假定行星轨道是由圆或复合圆组成的。但是实际上行星轨道不是圆形而是椭圆形。

　　在找到基本的解决办法后,开普勒仍不得不花费数月的时间进行复杂而冗长的计算,以证实他的学说与第谷的观察相符合。他对行星绕太阳运动做了一个基本完整、正确的描述,解决了天文学的一个基本问题,而这个问题的答案就是万有引力的雏形,曾使像哥白尼、伽利略这样的天才都感到迷惑不解。开普勒已经证到:如果行星的轨迹是圆形,则符合万有引力定律;而如果轨道是椭圆形,却暂时无法求证。后来,牛顿用很复杂的微积分和几何方法证出这一点。

不过在起初,如此重要的科学成果,差一点儿被像伽利略那样伟大的科学家忽略掉。但是经过几十年的历程,开普勒定律的意义在科学界逐渐明朗起来。

1604 年 9 月 30 日,开普勒在巨蛇星座附近发现了一颗新星。他虽视力不佳,仍持续观测了十几个月。他把观测结果发表在《巨蛇座底部的新星》一书中,打破了星座无变化的传统说法。同年他又看到了一颗大彗星,即后来定名的哈雷彗星。

当时不论是地心说还是日心说,都认为行星做匀速圆周运动。但开普勒发现,对火星的轨道来说,按照哥白尼、托勒密和第谷提供的 3 种不同方法,都不能推算出同第谷的观测相吻合的结果,于是他放弃了火星做匀速圆周运动的观念,并试图用别的几何图形来解释,经过 4 年的苦思冥想,发现椭圆形完全适合这里的要求,能做出同样准确的解释,于是得出了"开普勒第一定律":火星沿椭圆轨道绕太阳运行,太阳处于两焦点之一的位置。发现第一定律,就是说行星沿椭圆轨道运动,需有摆脱传统观念的智慧和毅力。在此之前所有天文学家,包括哥白尼和伽利略在内,都坚持古希腊亚里士多德和毕达哥拉斯的天体是完美的物体,圆是完美的形状,一切天体运动都是圆周运动的成见。哥白尼知道几个圆并起来可以产生椭圆,但他从来没有用椭圆形来描述天体的轨道。现在由于第谷精确的观测和开普勒的努力,终使日心说向前推进了一大步。

接着开普勒又发现:火星运行速度是不匀的,当它离太阳较近时运动得较快,离太阳远时运动得较慢,但从任何一点开始,太阳中心到行星中心的连线在相等的时间所扫过的面积相等。这就是开普勒第二定律。这两条定律刊布在《新天文学》中,指出两定律同样适用于其他行星和月球的运动。后来,又经过长期繁杂的计算和无数次失败,开普勒创立了行星运动的第三定律:行星绕太阳公转运动的周期的平方,与它们椭圆轨道的半长轴的立方成正比。这一结果表述在《宇宙谐和论》一书中,为促进现代科学的发展起到了重要作用。

开普勒不仅聪慧过人,具有非凡的想象力,29 岁时出版了《梦》一书,这是一部纯幻想作品，说的是人类与月亮人的交往。书中谈到了许多不可思议的东西，像喷气推进、零重力状态、轨道惯性、宇宙服等等，人们至今不明白，近 400 年前的开普勒，他是根据什么想象出这些高科技成果的。尽管开普勒的书是纯幻想作品，但它一定有一些背景来源，比如像毕达哥拉斯的话或古希腊神话。

开普勒也是近代光学的奠基者，研究了针孔成像，并从几何光学的角度加以解释，指出光的强度和光源的距离的平方成反比。他研究过光的折射问题，最早提出了光线和光束的表示法，并阐述了近代望远镜理论，把伽利略望远镜的凹透镜目镜改成小凸透镜，这种望远镜被称为开普勒望远镜。开普勒还研究过人的视觉，阐明了产生近视和远视的成因。开普勒还发现大气折射的近似定律，最先认为大气有重量，并且说明了月全食时月亮呈红色，是由于一部分太阳光被地球大气折射后投射到月亮上而造成的。

这样一位为科学发展开拓道路的勇士，一生却是在极端艰难的条件下度过的。连年的战争，长期漂泊，生活贫困以及来自教会的迫害，不断困扰着他。在花甲之年，为向宫廷领取 20 余年的欠薪，开普勒长途跋涉，却于 1630 年 11 月染伤寒病死在途中，只留下几件衣服和一些书籍。

为纪念开普勒在天文学上的卓著功绩，上述行星运动三大定律被称"开普勒定律"，它一经确立，本轮系彻底垮台，行星的复杂运动立刻就失去全部神秘性。"开普勒定律"成了天空世界的"法律"，后世学者尊称开普勒为"天空立法者"。

开普勒是近代自然科学的开创者之一，在科学研究中一贯坚持尊重事实的严肃态度。他自幼就损坏了视力，没能成为一位天文观测家，是"借别人的眼睛"作出自己的科学发现；可他在光学理论和光学仪器研究方面，却作出重大贡献，奠定了近代实验光学的基础。开普勒为自己撰写的墓志铭是："我曾测天高，今欲量地深。我的灵魂来自上天，凡俗肉体归于此地。"在"三十年战争"的动乱中，他的坟墓很快遭毁；但是如今业已证明，他的行星运动定律，是一座比任何石碑都更为久仁长存的纪念碑！

开普勒望远镜

开普勒式望远镜，折射式望远镜的一种。物镜组也为凸透镜形式，但目镜组是凸透镜形式。这种望远镜成像是上下左右颠倒的，但视场可以设计得较大，最早由德国科学家开普勒于1611年发明。为了成正立的像，采用这种设计的某些折射式望远镜，特别是多数双筒望远镜在光路中增加了转像镜系统。

开普勒太空望远镜

又译为开普勒空间望远镜，是世界首个用于探测太阳系外类地行星的飞行器，于美国东部时间 2009 年 3 月 6 日 22 时 49 分 57 秒 465 毫秒，从佛罗里达州卡纳维拉尔角空军基地 17–B 发射台发射升空，是美国宇航局发射的首颗探测类地行星的探测器。预计将花 3.5 年的时间，在绕行太阳的轨道上，观测 10 万颗恒星的光度，检测是否有行星凌星的现象。为了尊崇德国天文学家开普勒，这个任务被称为开普勒太空望远镜。

最博学的百科全书式学者

亚里士多德在历史上和西方思想的发展上，取得的成就是令人惊讶和无人匹敌的。他是柏拉图的学生，亚历山大大帝的老师。马克思曾称亚里士多德是古希腊哲学家中最博学的人物，恩格斯称他是古代的黑格尔。

亚里士多德除了是一位哲学家外，还是科学家、天文学家、政治理论家，以及现在被称为形式或正式逻辑学的创始人。他一生勤奋治学，至少撰写了 170 种著作，共有 400 到 1000 部，包含 3 个方面：一是前人的知识积累，二是助手们为他所作的调查与发现，三是他自己独立的见解。主要有《工具论》、《形而上学》、《物理学》、《伦理学》、《政治学》、《诗学》等。他创立了形式逻辑学，丰富和发展了哲学的各个分支学科，对科学等作出了巨大的贡献。亚里士多德还是最早论证地球是球形的人。他不仅论述自己的观点，并且为所有这些领域内的论题都设置好了一套术语，直到今天仍然适用。

在天文学方面，亚里士多德认为宇宙是一个有限大的圆球体，而地球则处于宇宙的中心；宇宙中央部分由 4 种元素所组成，它们分别是泥土、空气、火和水。在亚里士多德的物理学中，4 种元素都有各自的"恰当位置"，而"恰当位置"则由元素的重量所决定。每种元素均自然地以直线——泥土向下而火向上——移向自己的"恰当位置"，然后停下来。故此地球上的运动都是直线进行和终会停止的。相反，天空上的物体则无休止地循复杂的圆形轨道运动，并由第五种元素——"以太"所构成。由于"以太"的超然地位,除了在运动中的位置改变外,"以太"是永恒不变的。

亚里士多德还在《气象学》一书中,讨论了天和地之间的区域,即行星、彗星和流星的地带;其中还有一些关于视觉、色彩视觉和虹的原始学说;叙述了一些原始的化学观念。这本书在中世纪后期有很大的影响力,为天文学的发展起到了推波助澜的作用。

公元前 384 年,亚里士多德出生于色雷斯的斯塔基拉,这座城市是希腊的一个殖民地,与正在兴起的马其顿相邻,他的父亲是马其顿国王腓力二世的宫廷御医。从家庭情况看,他属于奴隶主阶级中的中产阶层。17 岁开始,他赴雅典在柏拉图学园就读达 20 年,直到柏拉图去世后方才离开。也许是受父亲的影响,亚里士多德对生物学和实证科学饶有兴趣;而在柏拉图的影响下,他又对哲学推理发生了兴趣。

对比之前的其他哲学家,亚里士多德更加注重观察与对其研究资料进行严格的分类。因为这个原因,他通常被认为是经验科学和科学方法的创始人。不像前辈柏拉图那样,亚里士多德总是通过考虑专家和外行对某些相关问题的意见来开展他的研究。在详细描述自己的论述之前,他假定在普遍已经认定的意见中存在着某些真理的微粒。他认为不同的学科要求不同的定理,并且根据它们的研究对象则需要不同的精确度。

在雅典跟柏拉图学习的 20 年,对亚里士多德来说是个很重要的阶段,对他一生产生决定性的影响。苏格拉底是柏拉图的老师,亚里士多德又受教于柏拉图,这三代师徒都是哲学史上赫赫有名的人物。在雅典的柏拉图学园中,亚里士多德表现得很出色,柏拉图称他是"学园之灵"。但亚里士多德不是个只崇拜权威的人,他在学术上有自己的想法,有时候甚至与柏拉图大相径庭。亚里士多德努力收集各种图书资料,勤奋钻研,甚至为自己建立了一个图书室。为此,柏拉图曾讽刺他是一个书呆子;而亚里士多德曾经隐喻地说过,智慧不会随柏拉图一起死亡。师生间的学术分歧越来越大了,经常发生争吵。柏拉图去世后,学园的新首脑倾向于柏拉图的思想,这令亚里士多德无法忍受,便离开了雅典去各地游历。

3 年后,42 岁的亚里士多德受国王腓力二世的聘请回到马其顿,担任当时年仅 13 岁的亚历山大的老师，对这位未来的世界领袖灌输了道德、政治以及哲学的教育。正是在亚里士多德的影响下，亚历山大大帝始终对科学事业非常关心，对知识十分尊重。

不过最后，亚里士多德并没有一直留在亚历山大身边，而是回到雅典建立自己的学园，教授哲学。因为他反对刻板的教学方式，经常带着学生在花园林荫大道上一边散步、一边讨论哲理，因此后人称他们为"逍遥学派"。这一期间他的著作，大多都是以讲课的笔记为基础，有些甚至是他学生的课堂笔记。因此又有人将亚里士多德看作是西方的第一个教科书作者。然而在亚历山大去世后，雅典人开始奋起反对马其顿的统治，因为亚里士多德曾经是亚历山大的老师，被判为不敬神罪。在这样危急的情况下，亚里士多德不得不逃出了雅典，开始四处避难。

虽然一年之后，亚里士多德因身染重病离开人世了，但他的思想对西方文化根本倾向以至内容产生了深刻的影响。在上古及中古时期，他的著作被译成拉丁文、叙利亚文、阿拉伯文、意大利文、希伯来文、德语和英语，以后众多希腊学者研究及推崇他的著作。他的思想，是中世纪基督教思想和伊斯兰经院派哲学的支柱。

亚里士多德显示了希腊科学的一个转折点。在他以前，科学家和哲学家都力求提出一个完整的世界体系，来解释自然现象；而他是最后一个提出完整世界体系的人。亚里士多德认为"贫穷是革命与罪孽之母"，"立法者应该把主要精力放在教育青年上；忽视教育必然危及国本。"这些思想在今天看来，依然具有非常先进的指导意义。

作为一位最伟大的科学家，亚里士多德对世界的贡献无人可比。但他的成就远不止于此。他还是一位真正的哲学家，对哲学的几乎每个学科都作出了贡献。亚里士多德集中古代知识于一身，在他死后几百年中，没有一个人像他那样对知识有过系统考察和全面掌握。他的著作是古代的百科全书，他的思想曾经统治过全欧洲，改变了几乎全西方的哲学家。恩格斯称他是"最博学的人"，"百科全书"式学者。

柏拉图

柏拉图(约前 427—前 347 年)，原名阿里斯托勒斯，西方哲学和西方文化最伟大思想家之一，他和老师苏格拉底、学生亚里士多德并称为古希腊三大哲学家。是西方客观唯心主义的创始人，其哲学体系博大精深，对其教学思想影响尤甚。柏拉图认为世界由"理念世界"和"现象世界"所组成。理念世界是真实的存在，永恒不变，而人类感官所接触到的这个现实的世界，只不过是理念世界的微弱的影子，它由现象所组成，而每种现象是因时空等因素而表现出暂时变动等特征。

● 智慧心语 ●

1.受惠的人,必须把那恩惠常藏心底,但是施恩的人则不可记住它。

——西塞罗

2.追求科学,需要有特殊的勇敢,思考是人类最大的快乐。

——伽利略

3.少而好学,如日出之阳;壮而好学,如日中之光;老而好学,如炳烛之明。

——刘向

4.工作就是人生的价值,人生的欢乐,也是幸福之所在。

——罗丹

5.我们必须有恒心,尤其要有自信力!我们必须相信我们的天赋是要用来作某种事情的,无论代价多么大,这种事情必须做到。

——居里夫人

我的未来不是梦

郭守敬

第八章

推陈出新

◇导读◇

　　检点成功人士的成功经验,我们发现,他们迈向成功的重要因素便是"推陈出新":继承前人先进的理念、成果为我所用并发扬、改进之,从而形成新的高度,也便具有了更大更高的成功系数。

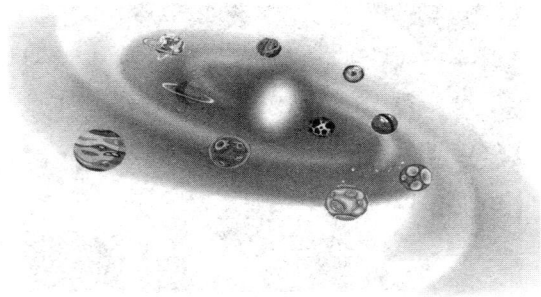

■ "中西合璧"徐光启

徐光启(1562—1633),字子先,号玄扈,教名保禄,汉族,明朝南直隶松江府上海县人,中国明末数学和科学家、农学家、政治家、军事家,官至礼部尚书、文渊阁大学士。赠太子太保、少保,谥文定。徐光启也是中西文化交流的先驱之一。

徐光启出生于一个贫苦家庭,遭倭寇劫掠过的家庭无法给他的童年提供优越的条件,仅能勉强维持生计,供他读书——通过科举考试入仕,是全家人对他的期望,因此尽管境况艰难,一家人仍勉力为之。徐光启也不负厚望,原本聪敏的他,刻苦好学,志向远大,当时人们说他"章句、帖括、声律、书法均臻佳妙",万历九年(1581)中秀才,便以天下为己任。

考中秀才以后,因家境关系,他在家乡和广东、广西教书。连年自然灾害,加之参加举人考试又屡试不中,这期间,他备受辛苦。但他仍勤学不辍,白天给学生上课,晚上广泛阅读古代的农书,钻研农业生产技术。

由于农业生产同天文历法、水利工程的关系非常密切,而天文历法、水利工程又离不开数学,因此,徐光启又进一步博览古代的天文历法、水利和数学等著作。

大约是在万历二十一年(1593),徐光启受聘去韶州任教,两年后又转移至浔州。徐光启在韶州见到了传教士郭居静。这是徐光启与传教士的第一次接触。在郭居静处,他第一次见到一幅世界地图,知道在中国之外竟有那么大的一个世界;又第一次听说地球是圆的,有个叫麦哲伦的西洋人乘船绕地球环行了一周；还第一次听说意大利科学家伽利略制造了天文望远镜，能清楚地观测天上星体的运行。所有这些，对他来说，都是闻所未闻的新鲜事。

从此，他又开始主动接触西方近代的自然科学，知识更加丰富了。

明朝末年，后金政权不时对明朝发动进攻，整个社会处在动荡不安的状态。徐光启富于爱国的热忱，他希望能够利用科学技术帮助国家富强起来，使天下的黎民过上"丰衣食，绝饥寒"的安定富裕的生活。

万历二十五年（1597），徐光启由广西入京应试，为了筹备他赴安徽考试的费用，母亲变卖了家中仅有的一点粮食，为此全家人有几天断炊。而他为了节省路费，竟挑着行李，冒着大雨，沿江边步行100多里。幸运的是，本已落选的他，却被主考官焦竑于落第卷中检出并拔置为第一名。但不久焦竑被弹劾丢官，转年徐光启参加会试也未能考中进士。他便又回到家乡课馆教书。

在同郭居静交往的时候，徐光启听说到中国来传教的耶稣会会长利玛窦精通西洋的自然科学，就到处打听他的下落，想当面向他请教。

1600年，他得到了利玛窦正在南京传教的消息，即专程前往南京拜访。

利玛窦是意大利人，原名叫玛太奥·利奇。此人从小勤奋好学，对数学、物理学、天文学、医学都很有造诣，而且擅长制作钟表、日晷，善于绘制地图和雕刻。30岁从神学院毕业，利玛窦被耶稣会派到中国来传教。

万历三十二年（1604）徐光启考中进士，开始步入仕途。

徐光启在未中进士之前，曾长期辗转苦读，在破万卷书、行万里路之后，深知流行于明中叶以后的程朱理学，主张禅静顿悟，反对经世致用，实为误国害民。

徐光启思想上的如此转变，使他的后半生走上了积极主张经世致用、崇尚实学的道路。他以自己平日所学去纠正时弊。针对明王朝政治、军事、经济的腐朽现状，他提出一系列改革方案，如《拟上安边御虏疏》《处置宗禄查核边饷议》《海防迂说》《漕河议》等等，都是他这一阶段纵论时务的心血之作。但是由于人微言轻,以及大贵族,大官僚的排挤和反对,徐光启的这些合理的方案不能得以实施。

徐光启考中进士后,担任翰林院庶吉士的官职,在北京住了下来,这使他有机会常常去拜访利玛窦。

1606 年,徐光启再次请求利玛窦传授西方的科学知识,利玛窦爽快地答应了。他用公元前 3 世纪左右希腊数学家欧几里得的著作《几何原本》做教材,对徐光启讲授西方的数学理论。徐光启发挥自己好学的特长,很快掌握了全书的内容,并与利玛窦将其译成中文。

万历三十五年(1607)散馆,授翰林院检讨,不久丧父,返乡守制。回京复职后,他一直担任较为闲散的翰林院检讨。和当时一般文人官吏热衷于笔墨应酬不同,徐光启用较多的时间进行天文、算法、农学、水利等科学技术研究,从事了不少这方面的翻译和写作。

魏忠贤阉党擅权时,为笼络人心,曾拟委任徐光启为礼部右侍郎兼翰林院侍读学士协理詹事府事的官职,但徐光启不肯就任,引起阉党不满,被劾,皇帝命他"冠带闲住",于是他回到上海。《农政全书》就是在此期间写作的。直到崇祯元年(1628),徐光启官复原职,继而为天子师。

崇祯二年,徐光启又升为礼部左侍郎,三年升礼部尚书,已是朝廷重臣。

这期间,徐光启主要精力则是用于修改历法。编制历法,在中国古代乃是关系到"授民以时"的大事,为历代王朝所重视。由于中国古代数学历来以实际计算见长,重视和历法编制之间的关系,因此中国古代历法准确的程度是比较高的。但是到了明末,却明显地呈现出落后的状态。一方面是由于西欧的天文学此时有了飞速的进步,另一方面则是明王朝长期执行不准私习天文,严禁民间研制历法政策的结果。

明代施行的《大统历》,实际上就是元代《授时历》的继续,日久天长,已严重不准。

自成化年间开始陆续有人建议修改历法,但建议者不是被治罪便是以"古法未可轻变","祖制不可改"为由遭到拒绝。

　　万历三十八年(1610)十一月日食,司天监再次预报错误,万历四十年就有人推荐由徐光启督修改历,未成。

　　至崇祯二年(1629)五月朔日食,徐光启恢西法推算,其结果较钦天监为密,九月,朝廷决心改历,设西法历局,命徐光启为监督,召西洋传教士龙华民、邓玉涵、罗雅各等人推算历法,由此揭开了徐光启钻研天文,修治历法的序幕。

　　早在万历年间,徐光启在翻译西方科技著作时,就开始接触西洋测量、天文历法方面的知识,立志要把西方先进的天文学介绍到中国来。经过数十年的宣传和争取,终于有了设立历局编译西法的机会。

　　在徐光启的领导下,历局对我国古代历法进行了研究,同时认真钻研西方的科学方法,翻译了许多天文学方面的书。

　　同时,他还引进了西方的先进天文仪器,如欧洲的时辰钟和伽利略发明的天体望远镜,从而绘制出一幅《全天球恒星图》。此次修历的最大成果是编撰了一部《崇祯历书》。

　　徐光启深知历法与农业生产和社会生活的关系重大,因此,在编修过程中,70岁高龄的他不仅领导修历工作,还坚持亲自动手,从制订计划、引进人才和设备,制造仪器、观测、译撰到钱粮分配等,无不直接操持。

　　据不完全统计,在徐光启主持4年多历局事务期间,先后向皇帝上疏34次,作了种种努力,把汤若望、王应遴、陈应登等精通历法的人物调到历局工作。

　　徐光启自己也参加撰写、编译和修改、润色工作。他亲自撰写的就有《历书总目》、《历学小辩》等多卷。他对历书编撰工作的要求是极其严格的。编历一开始他就订立原则:"理不明不能立法,义不辩不能著数。"他对全部译撰的稿件都要进行审阅和修改。发现错误立即纠正。每卷往往须经过七八次修改、润色才能定稿。在病中,他还靠着床修改《崇祯历书》的草稿。

　　徐光启反复强调实际天象是检验历法疏密的唯一标准。在编历过程中,只要有日、月食发生,他都亲自到观象台上进行观测。有一次,徐光启忽然想到一种观测冬至时刻的巧妙方法,立即跑到观象台上去试测,不幸从台上跌落下来,损伤了腰部和膝盖。

整整花了 3 年时间,他终于编成 130 余卷的《崇祯历书》,即后来传之于世的《新法历书》。

《崇祯历书》由《测天约说》、《浑天仪说》、《恒星历指》等多种书合编而成,做到了"上溯远古,下验将来"。

依据《崇祯历书》来预测日食,误差已在半刻钟之内,其精密程度要比以往的历法高得多,已经赶上了西方最先进的水平。

我们现在用的"农历",就是在《崇祯历书》的基础上修正而成的。

新的历书还引入了"地球"的概念,引入了地理经纬度的概念,从而在日、月食计算中,比旧历法大大前进了一步。

徐光启还利用望远镜观察天象,在我国第一个说明了银河是由无数远星组成的。

在徐光启主持修历期间,同样遇到许多阻碍,受到多方攻击。一些保守官僚反对引进西洋历法,想用传统的历法压倒徐光启,结果是徐光启在争论中证明了新法的正确性。

为成就此历书,70 岁的徐光启"扫室端坐,下笔不休,一榻无椎……冬不炉,夏不扇……推算纬度,昧爽细书,迄夜半乃罢。"依旧热情不减,亲自实践,目测笔书,融汇中西,不愧为一代科学家的风范。

《崇祯历书》采用的是第谷(Tycho)体系。这个体系认为地球仍是太阳系的中心,日、月和诸恒星均做绕地运动。而五星则做绕日运动。这比传教士刚刚到达中国时由利玛窦所介绍的托勒密(Ptolemy)体系稍有进步,但对当时西方已经出现的更为科学的哥白尼(Copernicus)体系,传教士则未予介绍。此外《崇祯历书》还引入了大地为球形的思想、大地经纬度的计算及球面三角法,区别了太阳近(远)地点和冬(夏)至点的不同,采用了蒙气差修正数值。

在天文历法上,徐光启介绍了古代托勒密旧地心说和以当代第谷的新地心说为代表的欧洲天文知识,会通当时的中西历法,在《崇祯历书》

中,他引进了圆形地球的概念,明晰地介绍了地球经度和纬度的概念。他为中国天文界引进了星等的概念;根据第谷星表和中国传统星表,提供了第一个全天性星图,成为清代星表的基础;在计算方法上,徐光启引进了球面和平面三角学的准确公式,并首先作了视差、蒙气差和时差的订正。

崇祯五年(1632)六月,徐光启以礼部尚书兼东阁大学士入阁,参予机要。同年十一月,加徐光启为太子少保。

崇祯六年(1633)八月,再加徐光启太子太保、文渊阁大学士兼礼部尚书,至此,他已是位极人臣了。

十一月病危,仍奋力写作"力疾依榻,犹矻矻捉管了历书",并嘱家属"速缮成《农书》进呈,以毕吾志"。

崇祯六年(1633)十一月七日,徐光启因过度劳累逝世,终年72岁。

徐光启一生著述、建树颇多,许多均可谓之"登峰造极",皆系勤学不辍所致。他用一生验证了"天才来自勤奋"的真理。徐光启以赤诚之心示祖国,以开放之心献科学,以进取之志求真理。传播文明之火,做会通中西第一人;身居高官,奔走呼号,殚精竭虑图自强。

明末清初的查继佐赞美他:"生平务有用之学,尽绝诸嗜好。博访坐论,无间寝食。"

余秋雨先生说:"我认为上海文明的肇始者,是明代进士徐光启……"

可见,徐光启是我国历史上富有科学成就的一位可敬宰辅,他的中西合璧的开放精神,将永远昭示后人不断进取。

逐梦箴言

忽然想到弃置已久的一个词:螺丝钉精神。这一精神的内涵之一,便是"放到哪里哪里亮"。郭守敬为官原本志在水利,当机会将他推向天文时,他同样做得游刃有余、风生水起,让人不得不心生敬仰。当我们也具备这样的襟怀坦白、境界时,还有什么事情做不好呢?

知识链接

《农政全书》

徐光启留给我们的一项伟大文化遗产便是《农政全书》。这部农业科学的伟大著作总结了我国历代农业生产技术和经验,是我国古代农业方面的集大成之作。

《农政全书》由酝酿到成书,经历了一个较长的过程。生于农家、主张经世致用的徐光启对国家之本的农业一直给予重视。早年,他就编写了通俗的《芜菁疏》、《吉贝蔬》等小册子向农民介绍种植经验和方法。万历四十一年(1613),徐光启遭朝臣排挤,托假告病,前往天津购置土地,以屯田的亲身体验致力于对农学的研究。徐光启在天津参加农事活动,"随时采集,兼之访问",先后撰成《壮耕录》、《宜垦令》等农书。《农政全书》中的开垦、水利和荒政3个项目部分内容就是他在天津屯田时的实践经验和心得。

天启年间,徐光启遭魏忠贤排挤,告假回上海闲住,开始专门致力于他的农业研究。

徐光启不仅研究了大量的农业资料,并且能够理论联系实际进行科学实验。甘薯最初是由国外引进中国的,起初只在福建沿海很少的一些地方种植。徐光启把它引进家乡种植,进行了多次试种,终于获得成功。在上海推广后,他又将甘薯的种植扩大到全国。

徐光启的《农政全书》初稿就是在这个时候完成的。当时徐光启编这部著作,只是统称为《农书》。

至徐光启去世后,由陈子龙等人整理刊刻成现行的《农政全书》。

《农政全书》是一部农业科学的百科全书。全书共计60卷,60万字,分为农本、田制、农事、水利、农器、树木、蚕桑、蚕桑广类、种植、牧养、制造和荒政共12门,可谓农、林、牧、副之大成。凡关于农业及与农业有关的政策、制度、措施、工具、作物特性、技术知识等,应有尽有。书中引录了229种古代和同时代的文献资料。徐光启不仅杂采众家,对大量材料进行分类汇辑,而且加了不少详注表明自己的见解。有时还记录自己亲自试验的结果。明末，政治腐败造成社会两大突出矛盾："民怒"和"民饥"。徐光启从忧国爱民，备荒救灾出发，在农书中专辟"荒政"一门，收集了《救荒本草》述及的各种野生植物达473种。徐光启亲自尝过的就有30多种，并在书中注明哪些有"嘉味"可作蔬菜，哪些比较"难食"等字样。

在《农政全书》的编著过程中，徐光启多次深入农村访问调查，拜老农为师，遇一人则问，至一地则问。如在"荒政"一章中，"除蝗疏"里记载的关于蝗虫生长过程的内容，就是从老农那里采访来的。在"蚕桑广类"章中谈到本棉的种植，也引用了农民的经验说：我听毫农说棉种一定要在冬月碾取。碾取时必须先晒一晒。在"种植"章中讲到乌臼树韵接种方法，一位山中老圃给他介绍了一种新法子，他以此法去试验，得以成功。

在《农政全书》中，徐光启对于有关国计民生的农作物例如种茶，他便大力提倡。对于当时黑暗的社会政治，他也常常予以暴露、谴责。在"救荒"章"野菜谱"中，保留了许多表现农民痛苦生活的歌谣。如"丝荞荞，如丝缕。昔为养蚕人，今作挑菜侣。养蚕衣整齐，挑菜衣褴褛。张家姑，李家女，垄头相见泪如雨"。等等。

《几何原本》

在政治上失意的徐光启将满腔报国之情寄托于科学技术的钻研。他向利玛窦学习天文、算学、历法、水利、地理等学科，无一不与国计民生关系密切。不仅要自己学习，徐光启还希望把西洋科学介绍到中国，让科技之花开遍神州。为了实现这一美好心愿，他向利玛窦提出翻译西洋书籍的要求。他决定先从基础学科入手，首先翻译欧几里得的《几何原本》。

《几何原本》是一本专门研究空间图形的形状、大小和位置及相互关系的书，在当时的欧洲一直受到科学家的赞誉，并被作为教科书使用。

徐光启选译这本科学名著，显示了他学者的眼光。翻译由利玛窦口授，徐光启笔译。这项工作对徐光启来说，并不是一件简单的事。

几何学对徐光启来说，是一门全新的学科，尤其是一些学术名词的翻译，更增加了工作的难度。但徐光启对翻译工作充满澎湃的激情，他仅用了约一年多的工夫，以顽强的意志力译完了《几何原本》的前6卷。翻译的出色程度为后人所赞誉。梁启超评价此书时说："字字精金美玉，是千古不朽之作。"

继《几何原本》之后，徐光启翻译了《测量法义》，又与李之藻、熊元拔等人合译了《泰西水法》、《同文算指》。

在他所编译的《大测》2卷中，首次向中国人介绍了平面三角、球面三角等概念。然而徐光启译介西洋科技的工作并非一帆风顺。阻力首先来自耶稣会传教士。耶稣会士来华的真正目的是传播天主教，介绍西洋学术只是传教的一种手段和诱饵，是用以打开中国大门的敲门砖。

正因如此，他们向中国人传授科学知识决不是毫无保留地倾其所有。利玛窦了解到中国帝王看重历法，想通过先译介天文历法书籍打通中国政府上层，而徐光启认为数学是其他自然科学的基础。

在徐光启的一再坚持和敦促下，利玛窦才勉强答应先译《几何原本》一书。《几何原本》一共15卷，利玛窦与徐光启合译了6卷，徐光启很想全部译完，但利玛窦却借故一再推托，终于没能完成全书。徐光启无限感慨地说，这也是西洋人奇货可居啊！

知识链接

徐光启

我的未来不是梦

■ "八级风"中李淳风

李淳风(602—670 年),隋仁寿二年(壬戌)(602)生于岐州雍(今陕西凤翔县),唐代天文学家、历算学家,岐州雍人(今陕西岐山县),唐初曾任太史令,他是我国古代科学家和历史文化名人。其父李播,隋朝时曾任县衙小吏,以秩卑不得志,弃官而为道士,颇有学问,自号黄冠子,注《道德经》、撰方志图 10 卷、《天文大象赋》等。因此,李淳风在其父影响下,自幼博览群书,尤钟情于天文、地理、道学、阴阳之学,9 岁便远赴河南南坨山静云观拜至元道长为师。17 岁回到家乡,经李世民的好友刘文静推荐,成为李世民的谋士,参与了反隋兴唐大起义。618 年,李渊称帝封李世民为秦王,李淳风成为秦王府记室参军。唐贞观元年(627),李淳风以将仕郎直入太史局。在置掌天文、地理、制历、修史之职的太史局,李淳风如鱼得水,充分展现其才智,鞠躬尽瘁 40 年。

唐高祖武德二年(619),颁行了傅仁均的《戊寅元历》,首次采用定朔,是中国历法史上的一次大改革。在《戊寅元历》之前,历法都用平朔,即用日月相合周期的平均数值来定朔望月。《戊寅元历》首先考虑月行迟疾,用日月相合的真实时刻来定朔日,从而定朔望月,要求做到"月行晦不东见,朔不西眺"。由于《戊寅元历》的一些计算方法有问题,颁行一年后,对日月食就屡报不准。武德六年,由吏部郎中祖孝孙"略去尤疏阔者",后又经大理卿崔善为与算历博士王孝通加以校正。贞观初年,李淳风上疏论《戊寅元历》十有八事。唐太宗诏崔善为考核二家得失,结果李淳风的 7 条意见被采纳。李淳风为改进《戊寅元历》作出贡献，被授予将仕郎，648年升为太史令。随着时间的推移，《戊寅元历》弊端日益显现，改革势在必行，李淳风责无旁贷地承担起这一重任。

李淳风根据他对天文历法的多年研究和长期观测，于麟德二年（665）编成新的历法。在中国历法史上首次废除章蔀纪元之法，立"总法"1340作为计算各种周期（如回归年、朔望月、近点月等）的奇零部分的公共分母。这样，数字计算就比以前的历法简便得多。同时，这部历法重新采用定朔。李淳风早年仔细地研究过隋朝刘焯的《皇极历》，总结了刘焯的内插公式，用它来推算月行迟疾、日行盈缩的校正数，从而推算定朔时刻的校正数。为了避免历法上出现连续4个大月的现象，他还创造了"进朔迁就"的方法。这部历法经司历南宫子明、太史令薛颐、国子祭酒孔颖达参议推荐，唐高宗下诏颁行，并命名为《麟德历》。

《麟德历》为完成中国历史上采用定朔这一改革作出了重要贡献，对后世历法有重大影响。它作为唐代优秀历法之一，行用达六十四年（665—728年）之久。《麟德历》还曾东传日本，并于天武天皇五年（667）被采用，改称为《仪凤历》。

浑仪是古代观测天体位置和运动的重要仪器。包括落下闳、耿寿昌、贾逵、张衡、孔挺、晁崇、斛兰等历代天文学家都制造或改进过浑仪。很早，李淳风就发现这一仪器错漏不少。于是他在总结历史经验和现实问题的基础上，建议制造按黄道观测日月五星运行的浑仪。

李淳风的浑仪仍然是一个赤道式装置，它除了可测得去极度、入宿度（即赤经差）、昏旦夜半中星外，还能测得黄经差和月球的经度差等，只是测得的黄道度不准确，所以它只能部分地解决按黄道观测七曜所行的问题。李淳风在中国历史上第一次把浑仪分为六合仪、三辰仪、四游仪三重，其影响相当深远。

贞观十五年（641），李淳风受诏"预撰《晋书》及《五代史》"，"其天文、律历、五行志，皆淳风所作也"。《五代史》为梁、陈、周、齐、隋五代的历史，后来其中的"十志"并入《隋书》，所以《五代史志》就是《隋书》中的"志"。

李淳风撰写天文、律历志时,对自魏晋至隋朝这段历史时期天文、历法与数学的重要成就,作了较全面的搜集和整理。

在《晋书·律历志》中,李淳风详细地记述了刘洪撰的《乾象历》法。刘洪实测月行迟疾之率,创立了推算定朔、定望的一次函数的内插公式,测出黄白交角为5度多,测定近点月为27.55336日,与今测值相近,这些都是中国古代天文学的重要成就。刘洪的《乾象历》是《四分历》以后历法改革的关键性阶段,可是在《晋书》之前撰成的梁朝沈约的《宋书》,却出于偏见,略而不载,对刘洪的科学成就只字未提。李淳风则在《晋书·律历志》中,原原本本地详细记述了刘洪的科学成就。

在《天文志》中,李淳风创立了一种格式,在这一格式下,包罗了古代天文学的各个方面:说明天文学的重要性和历代传统,介绍有关天地结构的理论研究、天文仪器、恒星及其测量、各种天象记事等。在介绍言天各家理论时,简要说明其理论,多引原话而不转述,写出作者简介及与其争论者的名字、观点,使后人对当时探讨天地结构的论争得到清晰的概念。

6世纪中叶,北齐张子信积30余年的天文观测,终于发现了太阳与五星视运动不均匀性现象,李淳风在《隋书·天文志》中记述了这一在中国天文学史上堪称具有划时代意义的重大发现。他还记载了隋朝刘焯的《皇极历》法,其中有刘焯创立的二次函数的内插公式,和刘焯最先提出的"黄道岁差"的概念及相当精确的黄道岁差数据。《皇极历》法包含了刘焯首创的定气法、定朔法和躔衰(即日行盈缩之差)法,还有以前历法所没有的推算日月食位置、食的始终、食分多少及应食不食、不应食而食等方法,推算五星也比以前的历法精密。《皇极历》是一部优秀的历法,"术士咸称其妙",对后世历法有重大影响,可是,由于种种阻挠而未能颁用。李淳风通过比较研究看出《皇极历》实为隋历之冠,将其详细记入《律历志》,成为中国历法史上唯一被正史记载而未颁行的历法。

《隋书·天文志》还记述了前赵孔挺制作的浑仪的结构和用途,这是中国历史上首次出现的关于浑仪具体结构的确切记载。同一卷里还记述了从汉魏至隋朝的浑仪、浑象、刻漏的发展情况,以及姜岌关于大气吸收和消光作用与何承天、张胄玄关于蒙气差的发现。《晋书》、《隋书》天文志对那时期的日月食、流星、陨星、客星(新星)、彗星及其他天象记录,也"搜罗至富,记载甚详"。因此,它们被誉为"天文学知识的宝库"。

作为大学者,李淳风有许多重要著作行世,因为涉猎广博,他的著作也遍及诸多领域。10卷《乙巳占》,便是李淳风的一部重要的星占学著作,星占术,作为一种独特的文化现象,与天文学共生同在,李淳风全面总结了唐贞观以前各派星占学说,经过综合之后,保留各派较一致的星占术,摈弃相互矛盾部分,建立了一个非常系统的星占体系,对唐代和唐代以后的星占学产生了很大的影响。作为一部重要的文化史典籍,《乙巳占》中除去星占方法和应验情况外,还保留许多科学史料。如天象的记录、天象的描述等。古时候的农业生产受到天气状况的很大制约,为了掌握主动权,人们就必须了解天气的变化,这就推动了我国古代气象科学的发展。由于李淳风有着深厚的天文学基础,以及他在工作上的便利,使他有很多观察和研究气象的机会。《乙巳占》就是他所写的也世界上现存最早的气象学专著。

在《乙巳占》中的气象占和候风法还记下了重要的气象现象。李淳风对气象学的贡献,还表现在他对风的观测和研究方面。在封建社会初期,对风的观测已比过去更为详细了。由风的4个方位发展到了8个方位,因之有八风之名。即:不周风(西北)、广莫风(北)、条风(东北)、明庶风(东)、清明风(东南)、暴风(南)、凉风(西南)、阊阖风(西)。李淳风在隐居期间,用自己设计的"三脚鸡风动标"观风、测风,在观测研究和总结前人经验的基础上,将风定为八级,即:"动叶,鸣条,摇枝,堕叶,折小枝,折大枝,折木飞砂石,拔大树和根。"进一步把风向明确定为24个。他还根据树木受风影响而带来的变化和损坏程度,李淳风是世界上第一个给风定级的人。过了1000多年后,英国人蒲福才于1805年才把风力定为12级共13个等别。以后又几经修改,风力等级自1946年以来已增加到18级。

由于李淳风的卓越成就和贡献,受到了唐初李渊、李世民、李治三代皇帝的重用和拔擢,他在朝廷48年,先后任秦王府记室参军、太史局将仕郎、承务部、太常博士、太史承、太史令、皇帝秘阁郎中。辞官隐居阆中仙逝后，李治又颁"追复沼"，追复李淳风为"太史令"。李淳风不愧为世界级的古代科学家和历史文化名人。

在他所在有那个时代，李淳风所取得的成就无疑是登峰造极的。他之所以能取得如此成就，得力于相关人士的影响，更源自他博闻、善疑、多思、进取。这，便是值得我们学习之处。

逐梦箴言

一个人的历史功绩当然跟他留下的"遗产"有关，更取决于其优劣程度之比例。李淳风当然有这样那样的局限和不足，亦如他给世人留下的诸多文化遗存。然而，当我们检视它们时，更是心怀感念，而这也就足够了，毕竟局限与缺憾具有必然性。

知识链接

《道德经》

《道德经》，又称《道德真经》、《老子》、《五千言》、《老子五千文》，是中国古代先秦诸子分家前的一部著作，为其时诸子所共仰，传说是春秋时期的老子（即李耳，河南鹿邑人）所撰写，是道家哲学思想的重要来源。道德经分上下两篇，原文上篇《德经》、下篇《道经》，不分章，后改为《道经》37章在前，第38章之后为《德经》，并分为81章。是中国历史上首部完整的哲学著作。

■ 偏偏不信"报应"来

何承天(370—447 年),东海郯(今苍山县长城镇)人,南朝著名无神论思想家、天文学家、史学家和文学家。母亲徐氏是东晋大学问家徐广的姐姐,何承天 5 岁丧父,但仍受到良好教育。经史百家、各种书籍,无所不读。尤精天文律历和计算,对天文律历造诣颇深。

何承天最显著的贡献,当然是他在天文历算方面的研究成就。何承天的舅父徐广曾观测天象 40 余年,受其影响,何承天同样钟情于此道。何承天继承徐广的研究成果,又亲自观测 40 多年,积累了丰富、系统的研究资料。何承天很早就注意到其时沿用的景初乾象历法疏漏不当之处颇多,加以纠正势在必行。有鉴于此,他便着手研究、观测,希望为世人贡献出更可信更实用的历法。元嘉二十年(443),经过艰苦的准备,何承天终于创制成一部新历法,并报奏朝廷。两年之后,这部历法被定名为《元嘉历》颁布全国实行。何承天在他《上元嘉历表》中阐明了他的天文观:天体现象的运动既有一定规律,又在不断变化,应当根据天象的变化来使历算符合它,而不能要求天象的变化来符合我们的历法。其论周天度数和两极距离相当于给出圆周率的近似值约 3.1429,对后世历法影响很大。他在《新历叙》中,批判根据谶纬先"立元"(确定正月是那个月)的反科学历法观,主张重视对天象的实际观测。正是由于这一科学态度,使得《元嘉历》比以前的古历十一家更为准确,为唐宋历法家所采用。

《元嘉历》的颁行,为何承天赢得广泛声誉,由此,他通今博古的才学益为时人所重。当时,宋文帝比较重视文化教育,曾立儒学、玄学、史学、文学四学,何承天则主史学。宋文帝也经常派人向他请教。有一次在挖掘玄武湖时,挖到一座古坟,在坟的外层发现一件带柄的铜斗。何承天立即认出这是王莽的威斗,并据此推断出坟墓是王莽的三公之一大司徒甄邯的。当把墓打开时,石上果然刻着"大司徒甄邯之墓",在场的宋文帝和群臣甚为叹服。据《宋书》等记载,何承天曾将《礼论》800 卷删减合并为 300 卷。又说他自元嘉十六年起受命撰写"国史",他死后大史学家裴松之"受诏续修何承天之《宋史》",可惜何承天的史学著作没有留下来。据载,何承天的著有《礼论》、《分明士礼》、《孝经注》、《纂文》、《姓苑》等 16 种,《隋书·经籍志》著录文集 20 卷,已佚,明人辑有《何衡阳集》传世。

或许因为从事天文观测,让何承天拥有更理性、更理智的判别力,他对事物的见解总能胜人一筹,卓有见的。南北朝时期,佛教盛行。何承天对佛教的神不灭、因果报应和空无思想作了大胆批判,在思想史上产生积极影响。当时,秦郡人慧林著《黑白论》,公开反对佛教的神学思想,受到了僧徒们的攻击。为此,何承天先后写出了《性达论》、《答宗居士书》、《报应问》等论文,支持慧林的观点。何承天认为,精神不能离开形体单独存在,形体不存在,精神也就消失了。针对佛教宣扬的"因果报应",何承天依据当时的科学和常识,从"报应"违反事实,"来世"没有根据、"无欲"是虚伪的欺骗 3 个方面进行了批判。他指出,日月运行,风云雷电,都是自然现象,不是什么神的指使。鹅只吃青草,不吃荤腥,可最终要为人所食,燕子捕食飞虫为生,人们却都爱护它。所有这些也都是自然现象,也不是什么神的指使。何承天对佛教的批判,论战对手大多是名人贵族,表现了他不畏权势的勇气。

这样的状况,无疑使何承天成了令人瞩目的"星座",在很长一段时间里,他官运亨通,但也不乏波折和戏剧性。而立之年,何承天做了南蛮校尉桓伟的参军。但不久桓伟的弟弟起兵反叛,何承天怕受牵连,辞职回到了他叔叔何肟做县令的益阳。东晋末年他曾出任浏阳县令、太学博士。南朝宋时,他出任荆州刺史谢晦谘议参军、领记室,后入朝任尚书左丞。439 年

（元嘉十六年），任著作佐郎，撰国史。随后，转任太子率更令。442 年（元嘉十九年），立国子学，以本官领国子博士，后迁御史中丞。447 年（元嘉二十四年），何承天升任廷尉，还没到职，宋文帝又让他改任吏部尚书，但由于在尚未正式任命之前何承天将这一任职机密泄露了出去，触犯了朝规，被罢官免职。同年病死家中。

在时下，除了在天文界，何承天早已成为"无闻"之人。但是他面对事物不从众、保持独立思考的做法仍有可取之处。当然，他对天文学治学的严谨态度以及求真务实的作风、勇于同腐朽落后思想作斗争的精神，同样值得学习、借鉴。

逐梦箴言

何承天在天文方面的贡献可圈可点，他不畏权势、勇于批判不当言行的做法同样可歌可泣、不同凡响。做到这些其实也不难，只要你能拥有明智之心，自会有明智之举。

知识链接

南朝

南朝（420—589 年）是东晋之后建立于南方的 4 个朝代的总称。自公元 420 年东晋王朝灭亡之后，在南方先后出现了宋、齐、梁、陈 4 个朝代，而它们存在的时间都相对较短。其中最长的不过 59 年，最短的仅有 23 年，是我国历史上朝代更迭较快的一段时间。此时，中国正处于南北分裂的时期，在我国历史上南朝与北方的北齐、北魏、北周等朝代合称为"南北朝"。

■ 《大明历》是怎样诞生的

在中国浩瀚博大的天文史册中,有多部历法值得大书特书,祖冲之的《大明历》便是这样的一部天文历法。

祖冲之(429—500年)是我国杰出的数学家、天文学家、文学家、地质学家、地理学家。南北朝时期人。其主要贡献在数学、天文历法和机械三方面。

公元420年东晋灭亡到589年,隋朝统一全国后的170年间,中国历史上形成了南北对立的局面,这一时期称作南北朝。南朝从公元420年东晋大将刘裕夺取帝位,建立宋政权开始,经历了宋、齐、梁、陈4个朝代。同南朝对峙的是北朝,北朝经历了北魏、东魏、西魏,北齐、北周等朝代。祖冲之是南朝人,出生在宋,死的时候已是南齐时期了。

当时由于南朝社会比较安定,农业和手工业都有显著的进步,经济和文化得到了迅速发展,从而也推动了科学的前进。因此,在这一段时期内,南朝出现了一些很有成就的科学家,祖冲之就是其中最杰出的人物之一。

祖冲之的原籍是范阳郡遒县(今河北涞水县)。在西晋末年,祖家由于故乡遭到战争的破坏,迁到江南居住。祖冲之的祖父祖昌,曾在宋朝政府里担任过大匠卿,负责主持建筑工程,是掌握了一些科学技术知识的人;同时,祖家历代对于天文历法都很有研究,因此祖冲之从小就有接触科学技术的机会。

祖冲之对于自然科学和文学、哲学都有广泛的兴趣，特别是对天文、数学和机械制造，更有强烈的爱好和深入的钻研。

早在青年时期，他就有了博学多才的名声，并且被政府派到当时的一个学术研究机关——华林学省，去做研究工作。后来他又担任过地方官职。公元461年，他任南徐州(今江苏镇江)刺史府里的从事。464年，宋朝政府调他到娄县(今江苏昆山县东北)任县令。

祖冲之在这一段期间，虽然生活很不安定，但是仍然继续坚持学术研究，并且取得了很大的成就。他研究学术的态度非常严谨。他十分重视古人研究的成果，但又决不迷信，完全听从于古人。用他自己的话来说，就是：决不"虚推(盲目崇拜)古人"，而要"搜炼古今(从大量的古今著作中吸取精华)"。一方面，他对于古代科学家刘歆、张衡、阚泽、刘徽、刘洪等人的著述都作了深入的研究，充分吸取其中一切有用的东西。另一方面，他又敢于大胆怀疑前人在科学研究方面的结论，并通过实际观察和研究，加以修正补充，从而取得许多极有价值的科学成果。在天文历法方面，他所编制的《大明历》，是当时最精密的历法。

在祖冲之之前，人们使用的历法是天文学家何承天编制的《元嘉历》。祖冲之经过多年的观测和推算，发现《元嘉历》存在很大的差误。于是祖冲之着手制定新的历法。

在古代，我国历法家一向把19年定为计算闰年的单位，称为"一章"，在每一章里有7个闰年。也就是说，在19个年头中，要有7个年头是13个月。这种闰法一直采用了1000多年，不过它还不够周密、精确。公元412年，北凉赵𬃊创作《元始历》，才打破了岁章的限制，规定在600年中间插入221个闰月。可惜赵𬃊的改革没有引起当时人的注意，例如著名历算家何承天在443年制作《元嘉历》时，还是采用19年7闰的古法。

祖冲之吸取了赵𬃊的先进理论，加上他自己的观察，认为19年7闰的闰数过多，每200年就要差1天，而赵𬃊600年221闰的闰数却又嫌稍稀，也不十分精密。因此，他提出了391年内144闰的新闰法。这个闰法在当时算是最精密的了。

除了改革闰法以外,祖冲之在历法研究上的另一重大成就,是破天荒第一次应用了"岁差。"

根据物理学原理,刚体在旋转运动时,假如丝毫不受外力的影响,旋转的方向和速度应该是一致的;如果受了外力影响,它的旋转速度就要发生周期性的变化。地球就是一个表面凹凸不平、形状不规则的刚体,在运行时常受其他星球吸引力的影响,因而旋转的速度总要发生一些周期性的变化,不可能是绝对均匀一致的。因此,每年太阳运行一周(实际上是地球绕太阳运行一周),不可能完全回到上一年的冬至点上,总要相差一个微小距离。按现在天文学家的精确计算,大约每年相差 50.2 秒,每 71 年 8 个月向后移 1 度。这种现象叫做岁差。 祖冲之把岁差应用到历法中,在天文历法史上却是一个创举,为我国历法的改进揭开了新的一页。到了隋朝以后,岁差已为很多历法家所重视了,像隋朝的《大业历》《皇极历》中都应用了岁差。

祖冲之在历法研究方面的第三个巨大贡献,就是能够求出历法中通常称为"交点月"的日数。

所谓交点月,就是月亮连续两次经过"黄道"和"白道"的交叉点,前后相隔的时间。黄道是指我们在地球上的人看到的太阳运行的轨道,白道是我们在地球上的人看到的月亮运行的轨道。交点月的日数是可以推算得出来的。祖冲之测得的交点月的日数是 27.21223 日,比过去天文学家测得的要精密得多,同近代天文学家所测得的交点月的日数 27.21222 日已极为近似。在当时天文学的水平下,祖冲之能得到这样精密的数字,成绩实在惊人。

由于日食和月食都是在黄道和白道交点的附近发生,所以推算出交点月的日数以后,就更能准确地推算出日食或月食发生的时间。祖冲之在他制订的《大明历》中,应用交点月推算出来的日、月食时间比过去准确,和实际出现日、月食的时间都很接近。

此外,在长期的观测过程中,祖冲之还得出木星每 84 年超辰一次的结论,即定木星公转周期为 11.858 年(今测为 11.862 年);给出了更精确的五星会合周期,其中水星和木星的会合周期也接近现代的数值;提出了用圭表测量正午太阳影长以定冬至时刻的方法。

祖冲之根据上述的研究成果,终于成功制成了当时最科学、最进步的历法——《大明历》。这是祖冲之科学研究的天才结晶,也是他在天文历法上最卓越的贡献。祖冲之在天文历法方面的成就,大都包含在他所编制的《大明历》及为大明历所写的驳议中。

尽管《大明历》有着超越时代的优点,但是它的问世之路并不顺畅。

公元462年(宋大明六年),祖冲之把精心编成的《大明历》送给政府,请求公布实行。宋孝武帝命令懂得历法的官员对这部历法的优劣进行讨论。在讨论过程中,祖冲之遭到了以戴法兴为代表的守旧势力的反对。戴法兴是宋孝武帝的亲信大臣,很有权势。由于他带头反对新历,朝廷大小官员也随声附和,大家不赞成改变历法。

祖冲之为了坚持自己的正确主张,理直气壮地同戴法兴展开了一场激烈的辩论。祖冲之对权贵势力的攻击丝毫没有惧色,写了一篇有名的驳议。根据古代的文献记载和当时观测太阳的记录,证明冬至点是有变动的。他指出:事实十分明白,怎么可以信古而疑今。他又详细地举出多年来亲自观测冬至前后各天正午日影长短的变化,精确地推算出冬至的日期和时刻,从此说明19年7闰是很不精密的。他责问说:"旧的历法不精确,难道还应当永远用下去,永远不许改革?谁要说《大明历》不好,应当拿出确凿的证据来。如果有证据,我愿受过。"

当时戴法兴指不出新历到底有哪些缺点,于是就争论到日行快慢、日影长短、月行快慢等等问题上去。祖冲之一项一项地据理力争,都驳倒了他。

在这场大辩论中,许多大臣被祖冲之精辟透彻的理论说服了,但是他们因为畏惧戴法兴的权势,不敢替祖冲之说话。最后有一个叫巢尚之的大臣出来对祖冲之表示支持。他说《大明历》是祖冲之多年研究的成果,根据《大明历》来推算元嘉十三年(436)、十四年(437)、二十八年(451)、大明三年(459)的4次月食都很准确,用旧历法推算的结果误差就很大,《大明历》既然由事实证明比较好,就应当采用。

这样一来,戴法兴只有哑口无言。祖冲之取得了最后胜利。宋孝武帝决定在大明九年(465)改行新历。谁知大明八年孝武帝死了,接着统治集团内发生变乱,改历这件事就被搁置起来。一直到梁朝天监九年(510),新历才被正式采用,可是那时祖冲之已去世 10 年了。

为纪念这位伟大的古代科学家,人们将月球背面的一座环形山命名为"祖冲之环形山",把小行星 1888 命名为"祖冲之小行星"。

逐梦箴言

在生活中,我们所做的往往都是承上启下、继往开来的事情——我们所做的每一件事都莫不是经过学习、吸收的结果;而当它用于工作中,那就意味着对先人的成果有接受与传承,做得好了,低劣亦会有大成功,毕竟,你已拥有了前人铺垫的高度。

知识链接

精算圆周率

如何正确地推求圆周率的数值,是世界数学史上的一个重要课题。我国古代数学家们对这个问题十分重视,研究也很早。在《周髀算经》和《九章算术》中就提出径一周三的古率,定圆周率为三,即圆周长是直径长的三倍。此后,经过历代数学家的相继探索,推算出的圆周率数值日益精确。

祖冲之认为自秦汉以至魏晋的数百年中研究圆周率成绩最大的学者是刘徽,但并未达到精确的程度,于是他进一步精益钻研,去探求更精确的数值。

祖冲之在推求圆周率方面又获得了超越前人的重大成

就。根据《隋书·律历志》的记载,祖冲之把一丈化为一亿忽,以此为直径求圆周率。他计算的结果共得到两个数:一个是盈数(即过剩的近似值),为 3.1415927;一个是□数(即不足的近似值),为 3.1415926。圆周率真值正好在盈□两数之间。他成为世界上第一个把圆周率的准确数值计算到小数点以后七位数字的人。直到 1000 年后,这个记录才被阿拉伯数学家阿尔·卡西和法国数学家维叶特所打破。祖冲之提出的"密率",也是直到 1000 年以后,才由德国称之为"安托尼兹率"。在 1500 年前,他有这样的成就和认识,实为难能可贵。

在推算圆周率时,祖冲之付出了不知多少辛勤的劳动。如果从正六边形算起,算到 24576 边时,就要把同一运算程序反复进行 12 次,而且每一运算程序又包括加减乘除和开方等十多个步骤。当时祖冲之进行这样繁难的计算,只能用筹码(小竹棍)来逐步推演。如果头脑不是十分冷静精细,没有坚韧不拔的毅力,是绝对不会成功的。祖冲之顽强刻苦的研究精神,是很值得推崇的。

祖冲之在圆周率方面的研究,有着积极的现实意义,适应了当时生产实践的需要。他亲自研究过度量衡,并用最新的圆周率成果修正古代的量器容积的计算,为人们的日常生活提供了方便。以后,人们制造量器时就采用了祖冲之的"祖率"数值。

◦ 智慧心语 ◦

1.只有献身社会,才能找到那实际上是短暂而有风险的生命的意义。

——爱因斯坦

2.我每天上百次地提醒自己:我的精神生活和物质生活都依靠着别人的劳动,我必须尽力以同样的分量来报偿我所领受了的和至今还在领受着的东西。

——爱因斯坦

3.只有刚强的人,才有神圣的意志,凡是战斗的人,才能取得胜利。

——歌德

4.无论大事还是小事,只要自己是认为办得好的,就坚定地去办,这就是性格。

——歌德

5.不因幸运而固步自封,不因厄运而一蹶不振。真正的强者,善于从顺境中找到阴影,从逆境中找到光亮,时时校准自己前进的目标。

——易卜生

第九章

独树一帜

◎**导读**◎

　　成功的标志之一往往是独树一帜、自成一家。这当然需要积累、打造。其过程很可能是艰辛的,但也具备了获得更广泛认同的可能。

第谷那双慧眼

最后一位天文界"肉眼观测家"是谁？

是第谷。作为最伟大的天文学家、近代天文学的奠基人,他一生的成就都与他"慧眼独具"密不可分。

1546 年 12 月 14 日, 第谷·布拉赫出生于丹麦斯坎尼亚省基乌德斯特普的一个贵族家庭,其父是丹麦皇家法庭的重要人物,其母来自于一个盛产神父和政治家的家族,在他 1 岁时他的伯父约尔根·布拉赫将其偷偷带走,并在后来获得了其抚养权。从此,第谷跟没有子女的伯父母生活。

第谷于 1559 年入哥本哈根大学读书。1560 年 8 月,他根据预报观察到一次日食,这使他对天文学产生了极大的兴趣。1562 年第谷转到德国莱比锡大学学习法律,但他却利用全部的业余时间研究天文学。1563 年第谷观察了木星合土星(两颗行星在天空靠在一起),写出了他的第一份天文观测资料,也就是在这一次,他注意到了"合"的发生时刻比星历表预言的早了一个月。而这,意味着当时采用的星历表不够精确,于是他开始购买仪器,并长期系统地观测,试图制作更实用、更精准的新星表。

1566 年,在德国罗斯托克大学就读期间,年轻气盛、傲气冲天的第谷在一次醉酒后与同学争论起数学上的某个论点,最后,他们决定以决斗定胜负。就是在这场较量中,第谷的鼻子被砍掉。为掩盖缺陷,第谷给自己设计了一个金属鼻子,自此第谷就有了一个绰号——"金鼻子"。也是在这一年,为了学到更多的关于天文学方面的知识,他又去罗斯托克的大学攻读天文学。从此他正式开始了天文研究工作,他做得很卖力、很认真、很投入。

或许真是"天道酬勤"吧,1572年11月11日夜,机遇终于找上门来。就是在此时此刻,第谷与他的马夫都看见了以前从未见过的仙后星座中的一颗新星,第谷兴奋极了,他这样记录道:"晚间太阳落山以后,按照习惯,我正观看晴空上的繁星,忽然间我注意到一颗新的异常的星,光亮超过别的星,正在我头上照耀,因为自从孩提时代以来,我便认识天上所有的星星,我很想知道在天空中的哪一个区域不会有星……"

一直以来,人们认为恒星几乎是不变的。他起初甚至怀疑亲眼所见的事实。为了进一步验证,从此他每晚都处在观测状态中,那颗每晚都出现的"新星",让他确信自己此前并无错觉和失误。通过观察,他注意到这颗星体先是越来越亮,直到远比金星更亮,甚至在白天也看得见,然后,慢慢地暗淡下去,直至最后在视野中完全消失。当时,望远镜还没有发明,第谷的细心观察使他得到了回报,1573年,他发表一篇论文——《新星》。这颗新星的发现,通过视差测量,第谷动摇了亚里士多德"天体不变"的学说。此书一经问世,不仅推出了一个新词"Nova"("新星"),也使年轻的第谷成为一颗耀眼的"新星"——天文学家的行列里多了一位叫"第谷"的人。后来,为了纪念这一伟大发现,这颗星被命名为"第谷星"。

年轻有为的第谷吸引了丹麦国王腓特烈二世关注的目光,为了防止人才流失,国王制止他移居到当时天文学研究的中心德国去。为了达到"以情留人"的目的,国王主办了由这位年轻人主讲的天文讲座,更为重要的是,他在丹麦和瑞典之间的赫维恩(今天的维文)岛上,资助第谷修建了天文台。该天文台是当时世界上最完备的,拥有4个观象台,一个图书馆,一个实验室和包括一个印刷厂在内的附属设施。第谷自己设计制造了观象台的全部仪器,其中较大的一台是精度较高的象限仪,被称为第谷象限仪。第谷对观测精度要求十分严格,不断改进仪器和测量方法,因此他所进行的天体方位的测量,其精度是比较高的,是哥白尼的20倍。第谷想精确测量出长时期从地球上所看到的星体的位置,并想由此而给出一幅星体位置确实的天体图来。他测量了 777 颗恒星的位置，其误差不多于 4 弧分；第谷还测量了行星的运动，发现了许多新的观象，如月球运动的二均差，赤夜角的变化，以及岁差的测定等；他对 1577 年出现的彗星也很感兴趣，他曾在相距甚远的两地对彗星的观测数据进行比较，发现没有差别，而对月亮的观测数据时有差别，由此便断定彗星比月亮远很多。在这以前，彗星被认为可能在近处，也许就在地球的高层大气之上。当时望远镜还没有被发明，观测所使用的仪器很简单，第谷能观测如此之多的星体、达到如此高的精度，可以想象他是怎样一位超群出众、了不起的观察家了。

的确，第谷在天文历史上以观测精密而著称，一直坚持进行出色的精确观察，是一个善于"看"的人，而他也达到了用肉眼所能达到的最佳观测效果。可以说，时至今日，尚未有人能在没有望远镜的条件下进行更为精确的观察。据测定，托勒密观察的准确度达到 10 弧分，而第谷观察的准确度达到 2 弧分，这大概是用肉眼观察在理论上所能达到的极限了。第谷对天文学的重大贡献在于他通过长期观测积累的有关行星运行的大量数据资料，成为那个时代罕见的天文观测家，获得"星学之王"的美称。

第谷清醒地知道要认识行星运动的规律，积累高度精确测量数据的重要性，并身体力行地测出了大量的原始精确的数据。第谷却提倡地心说，并试图改进它，未能接受哥白尼的日心说。在他的地心说里，行星绕着太阳转，而太阳又绕着地球转。但是，第谷坚持不懈，一丝不苟地进行科学观察的精神，将永远地载入科学史册；他本身取得的巨大成就和留给开普勒的大量资料，推动了天文学向近代科学的发展。

第谷这种对现象和事实进行准确观察和记录的精神，是现代科学思想的典范。科学上最重要的是对真实世界详尽、周密、透彻的观察，至于理解和解释，只能尽力而为。要充分理解一个问题往往需要几十年、几百年、甚至几千年，而今天我们能把握的只有得到真实、可靠的事实。如果不能创新和突破，就认真地积累真实的资料，为他人和后人奠定基础。

第谷工作的天文台吸引了很多人慕名前来参观，也因此得罪了一些人。有一次,第谷得罪了前来参观的未来新国王——丹麦王子基利斯,当基利斯即位以后,就开始了对第谷的报复,先是掐断天文台的经济来源,后来又肆意攻击和否定第谷的工作,1597 年,第谷被迫离开了丹麦,应德国国王鲁道夫二世之邀到布拉格的天文台工作。

第谷的这双慧眼善于"识星",而且也善于"识人"。他只在布拉格工作了 6 年,便慧眼独具地发现了开普勒,这位他的忠实而得力的助手兼好友。

1601 年 10 月 24 日逝世前,第谷把开普勒请到床边,作了临终的嘱托,第谷说:"我一生之中,都是以观察星辰为工作,我要得到一份准确的星表……现在我希望你能继续我的工作,我把存稿都交给你,你把我观察的结果出版出来,题名为《鲁道夫天文表》……"这样开普勒有幸继承了老师辛劳一生留下的全部观测资料和设备。这对开普勒后来取得巨大成就,起了重要的作用。第谷的亲属对开普勒占有上述资料一直耿耿于怀,然而,历史告诉我们,这批资料落入开普勒手中,可以说是上帝的安排。这本天文表,经开普勒的精心整理和千方百计地筹集印刷资金,直到 1627 年才正式出版,在以后 100 多年的时间里,航海学家们都乐于采用《鲁道夫天文表》,因为它是有史以来最精确的一份天文表。完成了他牵挂一生的一份图表,也为他与天文结缘的一生画上了完美的句号。

逝世前,他呻吟道:"唉,我多么希望我这一生没有虚度啊。"事实上,这位享受了隆重国葬的逝者从不曾虚度光阴。令人惋惜的是,开普勒虽按照他向老师允诺的那样,忠实地维护第谷的宇宙图景,然而就连开普勒也未能将它维持下去。至于第谷的仪器——用这些精致的设备他装备了丹麦天文台——此后再没有人使用过。后来居上的伽利略的望远镜使第谷的所有仪器都只能成为陈列品。这些仪器积满了尘土,最后在"三十年战争"的最初几年中烧毁了。

1901 年,第谷去世 300 年后,他的尸体被考古学家挖掘出来。当时尸体早已腐烂,但"金鼻子"完好无损,只是由于氧化已变成绿色。这位最后一位也是最伟大的一位用肉眼观测的天文学家完成了最后一次亮相,似乎在以此提示人们:这个世上,曾经鲜活地生活过一位绰号为"金鼻子"的伟大的天文学家。

逐 梦 箴 言

人生在世,有双"慧眼"真是无比重要。有了它,我们可以无误察人;有了它,我们可以正确待事。你或许尚不具有,这没关系,只要你有一颗"细心",并能"用心",不久的将来你也会得偿所愿,从而为你的人生助力。

知识链接

第谷和他的得意门生开普勒

第谷晚年发现、培养了开普勒,这是他对科学作出的又一重大贡献。开普勒没有辜负恩师的苦心培育和殷切期望,在科学阵地上纵横驰骋,相继创立了行星运动三定律,在科学史上做出了不可磨灭的贡献。

1597 年,年轻的开普勒写成《神秘的宇宙》一书,设计了一个有趣的、由许多有规则的几何形体构成的宇宙模型。1599 年第谷看到那本书,十分欣赏作者的智慧和才能,立即写信给开普勒,热情邀请他做自己的助手,还给他寄去了路费。开普勒来到第谷身边以后,师徒俩朝夕相处,形影不离,结成了忘年交。业务上,第谷精心指导;经济上,第谷慷慨相助。第谷由衷希望开普勒这匹千里马早日飞奔。

但是,过了一段时间,开普勒受多疑的妻子的挑唆,突然和第谷决裂了。他忘恩负义地公开散布第谷的坏话,最后留下一封满纸侮辱性言语的信,不辞而别。开普勒的离去,使爱才如命的第谷非常伤心。他意识到这完全是一种误会,马上写信给开普勒,胸怀宽广地请他回来。开普勒读了第谷的诚挚友好的来信,惭愧得无地自容。他热泪盈眶地提笔写了忏悔信,彻

我的未来不是梦

底承认错误。当两人重修旧好的时候,开普勒不由自主地又检讨起来,第谷立刻制止说:"过去的还要说什么呢? 你是我的好朋友。现在我们又在一起研究了,这就够了!"第谷不记旧怨,不但把才华出众的开普勒推荐给国王,而且把自己几十年辛勤工作积累下来的观测资料和手稿,全部交给开普勒使用。他语重心长地对开普勒说:"除了火星所给予你的麻烦之外,其他一切麻烦都没有了。火星我也要交托于你,它是够一个人麻烦的。"

第谷,是近代天文学的奠基人。他的学生约翰尼斯·开普勒也是一位很杰出的天文学家。这或许验证了那句话:名师出高徒。

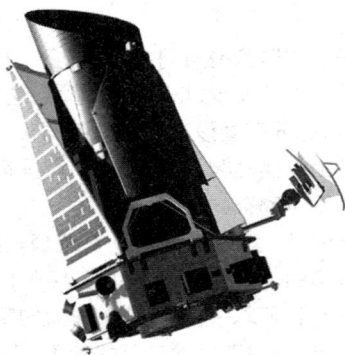

开普勒望远镜

■ "春节老人"落下闳

　　2004 年 9 月 16 日，经国家天文学联合会小天体提名委员会批准，中国科学院国家天文台已将其发现的国际永久编号为 16757 的小行星命名"落下闳星"。从此，落下闳真正成为一颗璀璨星座永恒地闪耀在星空中。

　　落下闳何许人也，他因何能得享此等殊荣？这要从头说起。

　　落下闳（前 156—前 87 年），字长公，巴郡阆中（今四川阆中）人。他是西汉时期著名的民间天文学家，太初历的主要创立者、浑天说创始人之一，曾制造观测星象的浑天仪、创制"太初历"（又称"八十一分律历"），在天文学上有较大的影响。汉武帝时任待诏太史。

　　中国古代有四大科学门类成果突出，即农学、医学、天文、数学，简称"农、医、天、算"。求知欲极强的落下闳在这些方面均打下优良基础。他不仅继承了先代在上述学科领域的成就，而且大大加以发展，为他日后功成名就作了极好的铺垫。尤其在天文学方面，落下闳表现出了极大的兴趣以及出众的天分。还是在少年时代，落下闳就已醉心于天象观察，关于天象，每有独到之见及非凡之举，并因此在家乡享有盛名。

　　机遇总会青睐有准备的人。西汉建立伊始，仍沿用秦代历法，即颛顼历。至汉武帝元封年间（前 110），已历经 100 余年，误差积累很是明显，出现朔晦月见等实际月象超前历谱的现象。另外，按当时的推算，及至太初元年（前 104）十一月甲子日的夜半，恰逢合朔和冬至，合乎历元要求。于是，太史令司马迁等人上书建议改历。汉武帝同意，并下诏广泛征聘民间天文学家充实改历团队。就这样,落下闳在同乡谯隆的推荐下,从四川来到京城长安参加改历工作。

为了不辱使命、兑现梦想,落下闳下定决心要在这一工作中出色出彩。落下闳一到长安,便忙着"定东西,立晷仪,下漏刻,以追二十八宿相距于四方,举终以定朔晦分至,离弦望"。为了制历的需要,落下闳还调动知识储备,亲自动手,制造天文仪器。他制作的观测仪器,即浑仪(又名浑天、浑天仪),是由赤道环和其他几个圆环同心安置而成,直径 8 尺。有的环固定,有的则可绕转,还附有窥官以供观测之用。此外,落下闳还制作过天文显示仪器,即浑象(又名浑天象),"于地中转泽天""正东西运转,昏明中星既其度分至气节,亦验在不差而已"。落下闳创制的浑仪(包括浑天仪和浑天象),形象地展示了宇宙模型。他通过长期观测和科学运算,用事实论证了浑天说理论和天体运行规律。在实测天文数据和理论计算的基础上,落下闳提出了自己的改历方案。在改历过程中,因参与者各执己见,曾发生激烈的争论。民间天文学家落下闳与邓平、唐都等 20 多人以及官方的公孙卿、壶遂和司马迁都各有方案,相持不下,最后形成了 18 种不同的历法。经过权衡比较,汉武帝认为落下闳的历法"晦朔弦望皆最密,日月如合璧,五星如连珠",优于其他 17 家,遂予采用,于元封七年颁行,并改元封七年为太初元年,因而新历又称"太初历"。

太初历的问世无疑是浑天说对盖天说的有力的否定,是历法的一大进步。太初历仍用十九年七闰的置闰法,但取 29+43/81 日为一朔望月,由于分母为 81,所以太初历又称"八十一分法"。太初历在很多方面超越颛顼历:落下闳在实测的基础上,考订历代重大的天文数据,改革了不合理的岁首制度,改定为从孟春正月为岁首,即《太初历》一年的开始,依照春、夏、秋、冬顺序,至冬季阴历十二月底为岁终,使农事与四季的顺序相吻合,有利于农业生产发展。其次改革了置闰方法,使节令、物候与月份安排得更为准确。《太初历》采用的岁首和科学的置闰法,中国的阴历一直沿用至今。他通过巨大天文数据测定,在天文学史上首次准确推算出 135 月的日、月食周期,即"朔望之会",认为 135 个朔望月中,至少有 23 次日食,根据这个周期,人类可以对日、月食进行预报,并可校正阴历朔望。

因此,确立孟春正月为岁首的历日制度是落下闳又一伟大功绩。

落下闳确立正月为岁首后,人们将正月初一称为"元旦"、"新年",民间习称"过年",民间也就有了"春节"的说法一直沿用至今。所以,今天,我们也就尊称落下闳为"春节老人"。

落下闳第一次将 24 节气纳入历法,此一做法,奠定了春节的基础,同时也是遗惠千秋万代的创举。24 节气是中国古代农业学的一大独特的创造,完整的记载于《淮南子·天文训》,几千年来对中国的农牧业生产和人民生活起了极为重要的作用。落下闳的贡献是将 24 节气这个告诉人们太阳移到黄道上 24 个具有季节意义的位置的日期,首次编入《太初历》之中,并规定节气(即立春、惊蛰,24 节气中是奇数项的气)可以在上月的下半月或本月的上半月出现;而中气(即雨水、春分、谷雨等,24 节气中是偶数项的气)一定要在本月出现,如果遇到没有中气的月份,可以定为上月的闰月。

这种置闰原则一直沿用 1000 多年。北齐(550—557 年)张子信发现太阳视运动不均匀现象。现在知道因为地球公转轨道是椭圆,所以节气间隔的字距也应是不均匀的,这称为定气。直到清朝才开始在历法中使用定气,从而对"落下闳置闰法"作了改进:即在农历中除 11 月(冬月)、12 月(腊月)和 1 月(正月)这 3 个月之外,其外,其余 9 个月仍采用落下闳制定的"以无中气月置闰"的方法。

落下闳制定 11 月,以正月为岁首,以没有中气的月份为闰月,以 135 个月为交食周期。这些特点都是开创性的。有些已成为传统,至今仍在发挥功能,例如,中国人的春节、过大年。落下闳的贡献在农业中、生活中发挥直接的指导作用。

落下闳是浑天说的创始人之一,经他改进的赤道式浑天仪,在中国用了 2000 年。他测定的二十八宿赤道距度(赤经差),一直用到唐开元十三年(725),才由一行重新测过。

落下闳第一次提出交食周期,以 135 个月为"朔望之会",即认为 11

年应发生 23 次日食。他知道《太初历》也存在缺点：所用回归年数值（356.2502 日）太大，有预见地指出"后八百年，此历差一日，当有圣人定之"。（事实上，每 125 年即差 1 日，到公元 85 年就实行改历。）

太初历具备了后世历法的主要要素，如 24 节气、朔晦、闰法、五星、交食周期等，是我国现存的第一部完整的历法。太初历采用夏正（以寅月为岁首），与春种秋收、夏忙冬闲的农业节奏合拍；太初历规定以无中气（24 节气中位于奇数者，即冬至、大寒、雨水、春分、谷雨、小满、夏至、大暑、处暑、秋分、霜降、小雪）之月为闰月，比以前的年终置闰法更为合理；太初历使用的交食周期、五星会合周期都比较准确，其 28 宿赤道距度（赤径差）值，一直沿用了 800 多年，到唐开元十三年（725）才被一行重新测定的值所取代。

太初历在行用后，受到包括司马迁、张寿王等人的反对，张寿王甚至提议改回到殷历。然而孰优孰劣，还要以实测为准。为此朝廷组织了一次为期 3 年的天文观测，同时校验太初历和古六历的数据，结果表明，太初历更为符合天象。从此太初历便站稳了脚跟，而且一直使用了将近 200 年（前 104—84 年）。太初历是我国历史上第一部有完整文字记载的历法，在历史上有着极其重要的地位。

值得注意的是，或许汉武帝以自己的雄才伟略意识到落下闳所制历法确有超乎寻常之处，为了表彰落下闳的功绩，在当年，汉武帝就曾特授他以侍中之职，落下闳却坚辞不受，而是回到阆中继续研究天文，并将他的渊博学识传给后代。在他的影响下，汉唐时期的阆中成为我国古代著名的天文研究中心，一时间人才荟萃、群星灿烂。西汉末，阆中出现了著名天文学家任文孙、任文公父子。三国时期的周舒、周群、周巨，祖孙三代天文学家。唐代天文学家、风水大师袁天罡、李淳风，定居阆中研究天文、数学，后终老于阆。现在的阆中已成为阆中风水文化旅游的朝圣和体验地。

落下闳正是以出众的天文才华得以从民间走出，以自己卓越的学识和创举造福世世代代。他的功绩也被广泛认可。他独创的天文仪器为后来的天文历法家如贾送、张衡等人所重视，他们均在落下闳的基础上加以改进和发展。落下闳在天文学特别是浑天学上起到了一个承前启后的作用，而他创制的《太初历》更是值得大书特书，意义非凡。他对于中国天文学的发展，真是功不可没。而落下闳在天文学以及数学、农学上的一系列开创性的贡献，也已经被学术界所公认，英国科技史学家李约瑟在《中国科技史》一书中，把落下闳所处的时代的东西方天文成就作了一个比较，共列成了十大成就，其中落下闳的成就有 3 个。李约瑟因此称他为"中国天文史上最灿烂的星座"。

时下，新春将至。当我们沉浸在节日氛围中时，一定要想一想春节的来历；同时，你也一定不要忘了那个被唤作"春节老人"的人——落下闳。

逐梦箴言

之所以强调落下闳的"民间"身份，那是因为与"民间"相对应的则是"官方"，相较后者，"民间"无疑居于劣势，也意味着带有这一身份标签者在与官方人士不对等的情况下，若想取得超出后者的成就，势必与日俱增要有艰难的付出。"踏平坎坷成大道"，是我们对"非官方"的民间人士良好的祝愿。

知识链接

说说"二十四节气"

农历二十四节气这一非物质文化遗产十分丰富，其中既包括相关的谚语、歌谣、传说等，又有传统生产工具、生活器具、工艺品、书画等艺术作品，还包括与节令关系密切的节日文化、生产仪式和民间风俗。二十四节气是中国古代农业文明的具体表现，具有很高的农业历史文化的研究价值。2011 年 6 月入选第三批国家级非物质文化遗产名录。

二十四节气即立春、雨水、惊蛰、春分、清明、谷雨、立夏、

我的未来不是梦

小满、芒种、夏至、小暑、大暑、立秋、处暑、白露、秋分、寒露、霜降、立冬、小雪、大雪、冬至、小寒、大寒。公元前104年,由落下闳、邓平等编制的《太初历》正式把二十四节气定于历法,明确了二十四节气的天文位置。

二十四节气是中国劳动人民独创的文化遗产,它能反映季节的变化,指导农事活动,影响着千家万户的衣食住行。

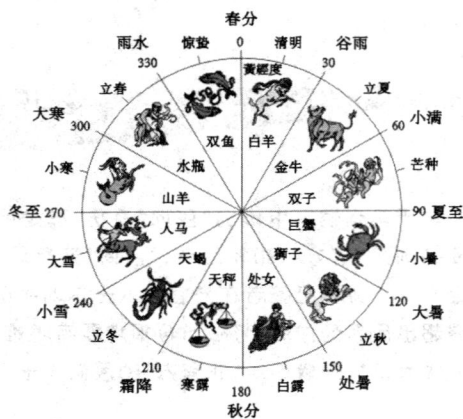

■ 天文学巨人哥白尼

尼古拉·哥白尼(1473–1543)是波兰伟大的天文学家、太阳中心说的创始人、近代天文学的奠基人。他也是一位多才多艺、学识渊博的巨人,是一位杰出的医生、社会活动家、数学家、经济学家和画家。

哥白尼出生在波兰西部维斯杜拉河畔、托伦城圣阿娜巷的一个商人家庭。父亲尼古拉原是克拉科夫的商人,1458 年迁居托伦城,因商致富,被选为托伦市的议员和市长。母亲巴巴娜是当地一位富商的女儿。

在哥白尼 10 岁时,他父亲去世了,此后一直由舅父路加斯·瓦兹洛德大主教抚养。大主教是一位具有人文主义思想的进步人士,因此哥白尼从小就受到了良好的教育。舅父先后把他送到了自己主持的圣约翰学校和弗洛科拉维克的教会学校学习。

哥白尼从少年时期就热爱天文学,中学时就曾在老师的指导下,制造了一具按日影以定时刻的日晷,从而培养了他对天文学的浓厚兴趣。

1491 年,哥白尼进入克拉科夫大学学习。克拉科夫是当时波兰的首都,也是东欧最大的贸易和文化中心,有许多国家的留学生在这里学习。由于它地处东西欧交通要冲,所以比较早地受到意大利文艺复兴的影响。该校教师中对他的影响最大的,是一位具有进步思想的数学家和天文学家沃伊切赫·布鲁泽夫斯基教授。这位学者对公元 2 世纪古希腊天文学家托勒密的"地心说"提出了怀疑。哥白尼经常去向这位学者请教天文学和数学方面的问题,还学会了运用天文仪器进行天象观测。教授的启蒙教育促使哥白尼决定将自己的一生奉献给天文科学。

哥白尼从克拉科夫大学毕业后，1495 年奉舅父之命，越过阿尔卑斯山，前往当时欧洲文化中心意大利留学。原来，大主教为了与所辖的埃尔门兰德教区的条顿骑士团进行斗争，就必须有人精通教会的法律，于是决定派自己的外甥哥白尼去意大利学习教会法。哥白尼是一个懂得维护民族利益的爱国者，尽管他爱好天文学，但他还是欣然同意了舅父的安排。

在意大利，哥白尼先后进入博洛尼亚大学、帕多瓦大学和费拉拉大学学习和研究法律、天文学、数学、神学和医学，他同时还学会了希腊文。1503 年，哥白尼完成舅父的委托，获得了教会法博士学位。这期间，哥白尼的主要精力依然放在天文学和数学的研究上。在博洛尼亚大学对他影响最大的是天文学教授达·诺法纳，哥白尼同他一道观测天象，共同探讨改革关于托勒密的学说的问题。后来哥白尼基本上是沿着他的老师所指引的方向，进行伟大的天文学革命的。

1499 年，26 岁的哥白尼应聘当了罗马大学的天文学教授。

1500 年 11 月 6 日，他在罗马做了月食观察，证实了地动说的正确性。

1506 年，他从意大利返回祖国，便在他舅父手下做私人医生和秘书工作，经办教区的外交事宜，并兼任弗洛恩堡修道院的神甫，直到他舅父1512 年病逝为止。

后来，哥白尼移居弗洛恩堡，从此就在该地担任神甫职务。同时他还利用业余时间行医，免费为贫苦人治病。他的医道高明，被当地人称为"神医"。

虽然哥白尼的工作繁多，但是，他依然能够把主要精力放在天文学的研究上。

1512 年 3 月，他在购得城堡西北角的一座箭楼，把它作为自己的住所和观测天象之用，这实际上是一座小型天文台。这座箭楼至今尚存，被称为"哥白尼塔"，自 17 世纪以来一直被人们作为天文学的圣地。他用自治的简陋仪器，夏去冬来，无论刮风下雨，还是天寒地冻，坚持观测天体长达 30 年之久。

在哥白尼的一生事业中，无论是在数学、医学还是在法学、经济学等领域都做出了可喜的成绩，然而他之所以能名垂青史，却是因为他的天文学方面的伟大贡献。

哥白尼的"日心说"发表之前，"地心说"在中世纪的欧洲一直居于统治地位。自古以来，人类就对宇宙的结构不断地进行着思考，早在古希腊时代就有哲学家提出了地球在运动的主张，只是当时缺乏依据，因此没有得到人们的认可。

在古代欧洲，亚里士多德和托勒密主张"地心说"，认为地球是静止不动的，其他的星体都围着地球这一宇宙中心旋转。这个学说的提出与基督教《圣经》中关于天堂、人间、地狱的说法刚好互相吻合，处于统治地位的教廷便竭力支持地心学说，把"地心说"和上帝创造世界融为一体，用来愚弄人们，维护自己的统治。因而"地心学"说被教会奉为和《圣经》一样的经典，长期居于统治地位。

随着事物的不断发展，天文观测的精确度渐渐提高，人们逐渐发现了地心学说的破绽。到文艺复兴运动时期，人们发现托勒密所提出的均轮和本轮的数目竟多达 80 个左右，这显然是不合理、不科学的。人们期待着能有一种科学的天体系统取代地心说。在这种历史背景下，哥白尼的地动学说应运而生了。

约在 1515 年前，哥白尼为阐述自己关于天体运动学说的基本思想撰写了篇题为《浅说》的论文，他认为天体运动必须满足以下 7 点：

不存在一个所有天体轨道或天体的共同的中心；地球只是引力中心和月球轨道的中心，并不是宇宙的中心；所有天体都绕太阳运转，宇宙的中心在太阳附近；地球到太阳的距离同天穹高度之比是微不足道的；在天空中看到的任何运动，都是地球运动引起的；在空中看到的太阳运动的一切现象，都不是它本身运动产生的，而是地球运动引起的，地球同时进行着几种运动；人们看到的行星向前和向后运动，是由于地球运动引起的。地球的运动足以解释人们在空中见到的各种现象。

此外，哥白尼还描述了太阳、月球、三颗外行星（土星、木星和火星）和两颗内行星（金星、水星）的视运动。书中，哥白尼批判了托勒密的理论。科学地阐明了天体运行的现象，推翻了长期以来居于统治地位的地心说，并从根本上否定了基督教关于上帝创造一切的谬论，从而实现了天文学中的根本变革。

哥白尼认识到《浅说》中的论断是假设的方式提出的，且他的模型所用数据并非亲自观测得出，因此缺乏可信度。

1515年，哥白尼便开始着手准备撰写《天体运行论》这一更为完整的论著。十几年来，哥白尼进行了大量的天文观测，收集了大批资料。

1525年，哥白尼原来的女管家安娜衷心爱上了这位伟大的科学家，她不顾别人的流言蜚语，毅然来到了被教会剥夺了结婚权利的哥白尼身边，和他一起生活。由于她的精心照顾和帮助，才使得《天体运行论》一书的写作得以顺利进行并最终于1533年完成了这部巨著的初稿，随后，他又长期进行观测、验证、修改，使得他的宇宙体系更具说服力，成为一种科学理论。

《天体运行论》的全书共6卷。第一卷为宇宙论，简述了整个宇宙的结构，是全书的精髓。这一卷分4章，先后论述了"宇宙是球形"、"大地也是球形"、"天体的运动是均匀永恒之圆运动或复合运动"。哥白尼说，"天体的这种旋转运动对于球来说是固有的性质，它反映了球形的特点。球这种形状的特点是简单、没有起点、也没有终点，旋转时不能将各部分相区别。而且球体形状也正是旋转作用本身造成的。"

哥白尼赞同毕达哥拉斯学派的主张，即应当用简明的几何图像来表示宇宙的结构和天体的运行规律。在第一卷的第四章中，哥白尼正确地将行星以及地球绕日运转轨道进行排列，并刊载了他的宇宙模型图。这张我们现在看似普通的天球次序图，在当时却是人类认识宇宙的一次巨大的飞跃。

第二卷运用三角学论证天体运行的基本规律，其中哥白尼首创了平面三角和球面三角的演算方法；第三卷为恒星表；第四卷叙述了地球绕轴运行和周年运行；第五卷阐述了地球的卫星月球；第六卷是关于行星运行的理论。

哥白尼在《天体运行论》中还详细讲解了地球的 3 种运动（自转、公转、赤纬运动）所引起的一系列现象，岁差现象、月球运动、行星运动以及金星、水星的纬度偏离和轨道平面的倾角。《天体运行论》的诞生，使当时所知道的太阳系内天体的位置和运状况更为完整了。

然而，这部伟大著作的出版却经历了一个艰难而曲折的过程。

早在 1530 年，哥白尼曾将自己的研究成果，加工整理，写成一篇科学论文，称为《短论》，以手稿的形式赠给欧洲的一些学者传阅。人们对他的学说的态度反映不一，有的拥护，有的坚决反对。他的朋友们更竭力在意大利高级教会人士中传播他的新理论和观点。他们试图通过这种办法为哥白尼公布自己的学说铺平道路，从而实现当时的科学革命。

在众多好友的努力下，红衣主教尼古拉·申伯格对哥白尼的学说产生了巨大的兴趣，他在 1536 年 11 月 1 日给哥白尼写了一封信，想了解哥白尼的学说，信中用肯定态度谈到了日心学说中的日、土、月 3 个天体的位置。然而这位开明的红衣主教在第二年便去世了，没能够成为哥白尼学说的庇护人。

在《天体运行论》完成后，哥白尼却对它的出版犹豫不决了。他但心这部书出版后会遭受到地心说信徒们的攻击，并受到教廷的压制。在朋友和学生的支持鼓励下，经过长期反复的考虑，哥白尼终于决定出版这部著作。1542 年，哥白尼给教皇保罗三世写了一封信，寻求教皇的庇护。他相信教皇将用自己的威严与威望保护他，令他的学说免遭谴责。然而，这一切并没有如他所愿，这封哥白尼用来作为《天体运行论》序言的信却只是起到引子的作用。

1541 年秋，哥白尼唯一的弟子，德国维登堡大学年轻的数学教授雷提卡斯，把《天体运行论》的手稿送往纽伦堡出版。由于雷提卡斯坚信哥白尼的学说，受到教会的迫害，不得不背井离乡逃避教会的追捕。临走之前他委托自己的朋友、牧师奥西安德尔代他出版哥白尼的著作。

1543 年 5 月 24 日,弥留之际的哥白尼终于见到刚刚出版的《天体运行论》,可惜当时的他已经因为脑出血而双目失明,他只摸了摸书的封面,便与世长辞了。

由于哥白尼的学说触犯了基督教的教义,遭到了教会的反对,就连当时反对天主教的新教也根据《圣经》的记载,群起反对"日心说"。他的著作更是被列为禁书。但真理是封锁不住的,继哥白尼之后,开普勒、布鲁诺、伽利略和牛顿等科学家,又进一步丰富和发展了哥白尼的学说。这一光辉学说经过 3 个世纪的艰苦斗争,终于获得完全胜利并为社会所承认。1882年,罗马教皇也不得不承认哥白尼的学说是正确的。

哥白尼的"日心说"沉重地打击了教会的宇宙观,这是唯物主义和唯心主义斗争的伟大胜利。因此使天文学从宗教神学的束缚下解放出来,自然科学从此获得了新生,这在近代科学的发展上具有划时代的意义。

哥白尼是欧洲文艺复兴时期的一位巨人。他用毕生的精力去研究天文学,为后世留下了宝贵的遗产。由于时代的局限,哥白尼只是把宇宙的中心从地球移到了太阳,并没有放弃宇宙中心论和宇宙有限论。在德国的开普勒总结出行星运动三定律、英国的牛顿发现万有引力定律以后,哥白尼的太阳中心说才更加的稳固。从后来的研究结果证明,宇宙空间是无限的,它没有边界,没有形状,因而也就没有中心。虽然哥白尼的观点并不完全正确,但是他的理论给人类的宇宙观带来了巨大的变革。

恩格斯在《自然辩证法》中对哥白尼的《天体运行论》给予了高度的评价。他说:"自然科学借以宣布其独立并且好像是重演路德焚烧教谕的革命行动,便是哥白尼那本不朽著作的出版,他用这本书来向自然事物方面的教会权威挑战,从此自然科学便开始从神学中解放出来。"

这样的评论,哥白尼受之无愧。

逐梦箴言

哥白尼是天文学巨人，首先便是因为他是一位思想的巨人。有了出众的思想，自会有出众的行为、出众的获得。

知识链接

不要误解托勒密

古希腊的大天文学家托勒密，在公元 2 世纪时，总结了前人在 400 年间观测的成果，写成《天文集》(即《至大论》)一书，提出"地球是宇宙中心"的学说。这个学说一直为人们所接受，流传了 1 400 多年。

托勒密认为，地球静止不动地坐镇宇宙的中心，所有的天体，包括太阳在内，都围绕地球运转。但是，人们在观测中，发现天体的运行有一种忽前忽后、时快时慢的现象。为了解释忽前忽后的现象，托勒密说，环绕地球做均衡运动的，并不是天体本身，而是天体运动的圆轮中心。他把环绕地球的圆轮叫做"均轮"，较小的圆轮叫做"本轮"。为了解释时快时慢的现象，他又在主要的"本轮"之外，增加一些辅助的"本轮"，还采用了"虚轮"的说法，这样就可以使"本轮"中心的不均衡的运动，从"虚轮"的中心看来仿佛是"均衡"的。托勒密就这样对古代的观测资料作出了牵强附会的解释。

但是在以后的许多世纪里，大量的观测资料累积起来了，只用托勒密的"本轮"再不足以解释天体的运行，这就需要增添数量越来越多的"本轮"。后代的学者致力于这种"修补"工作，使托勒密的体系变得越来越复杂，而对天文学的研究也就一直停留在这个水平上。

"地球是宇宙的中心"的说法，正好是"神学家的天空"的基础。中世纪的神学家吹捧托勒密的结论，却隐瞒了托勒密的方法论：托勒密建立了天才的数学理论，企图凭人类的智慧，用观测、演算和推理的方法，去发现天体运行的原因和规律，

我的未来不是梦

而这正是托勒密学说中富有生命力的部分。因此,尽管托勒密的"地球中心学说"和神学家的宇宙观不谋而合,但是两者是有本质区别的,一个是科学上的错误结论,一个是愚弄人类、妄图使封建统治万古不变的弥天大谎。哥白尼对此作出正确的评价,他说:"应该把自己的箭射向托勒密的同一个方向,只是弓和箭的质料要和他完全两样。"

托勒密

● 智慧心语 ●

1.真理不在蒙满灰尘的权威著作中,而是在宇宙、自然界这部伟大的无字书中。

——伽利略

2.没有目标而生活,恰如没有罗盘而航行。

——康德

3.天才是自创法则的人。

——康德

4.世界的真正奥秘之所在,并不是不可见之物,而是可见之物。

——奥斯卡·王尔德

5.如果我们不是时时刻刻都看见物体在坠落,那引力对我们来说就会是一种非常奇怪的现象了。

——阿拉戈

我的梦想在天空

哥白尼雕像

第十章

我的未不不是梦

我的梦想在天空

生活在现实中，我们都不希望自己浑浑噩噩、一事无成，那么，我们就要心怀梦想并为之奋斗，梦想实现了。我们的人生价值也才能够得以兑现。如何能让我们的未来不是梦？这就需要我们正确确立，并脚踏实地为之拼搏！

现状与预期

读到这里,本书即将画上句号了。

读过了书中这些天文学家们的故事,你是否也心潮澎湃、感慨万千?甚至,你也动了从事天文学事业的念头?

就像你已知的那样,天文学确实有着太多的诱惑,以及让你全力以赴甚至献身其中的理由。

其一,科学发展到了此时此刻,人类对太空、对天体的探索、认知确已达到前所未有之高度,许多领域内的空白被一一填补;可是,对人类来说,至今却未完全或者可以说远未能达到全面把握、体察太空世界的程度,人类目前所达到的、所接触的,还只不过是冰山一角,还面临着巨大的认知空间、未知领域,等待我们去探索、破译。与此同时,现有的研究成果有的仍处于认证状态,务须投入更多的力量与心血去求证。而有些新的有价值、有意义的假说还在等待我们去论证。还有就是近些年来与天空有关的自然灾害频发等现象,也有待于我们联系实际,去考察、去应对。凡此种种,都将唤起有志者探索的豪情,投身其中,必会成为自我生命中浓墨重彩的一笔。

其二,太空领域所具有的战略意义早已成为全球各国家关注的焦点和着力投入的对象,得太空者得未来,已成为一大共识,人类对外太空探索可以说是意义深远。有识者曾将其意义概括如下:首先,它能揭示宇宙的形成与演化,探索生命的起源以及空间环境对人类生存环境的影响,可推动天文学、宇宙学、生命科学等的发展;其次,可以刺激一些高技术的发展,如电子技术、计算机技术、遥控遥测遥感技术等;它也刺激了管理科学的巨大进步,将政府、企业、科研等集成一体,使科学技术事业社会化的进程大大加速;同时,探索宇宙的航天科技引发了具有巨大市场潜力的空间产业,甚至像空间旅游这样的第三产业等也应运而生。对于一个国家社会的未来经济发展是有着不可估量的作用的;最后,地球上的人口越来越多,仅靠地球上这有限的资源已难供养,由于人口的迅速膨胀,我们寄身的地球已出现了资源短缺的问题,未来也将面临生存空间紧张的问题。为了拓展人类的生存空间,补充陆地资源,人类有必要向太空进军。事实上,自 1957 年 10 月 4 日前苏联发射了人类历史上第一颗人造卫星斯普特尼克,继而引起美、苏太空竞赛起,人们便意识到"太空"这一潜在的、巨大的、宝贵的空间的开发意义。于是,多年来有能力的国家都在进行各自各种形态的对太空的研发,并取得了相应的成就。而说到我国,从发展战略看,开发太空也是势在必行之举。我们伟大的祖国,在这一领域,更是不甘落后,也始终未停息探索太空的脚步。"神舟"飞船不断发射,并实现载人升空等一项项辉煌成就更为世界叹服。未来的岁月里,关于太空、宇宙的知识、信息,势必热门化,如何使本国在此领域始终雄踞领先甚至主导地位,业已成为爱国人士探索、讨论的话题,同样引领人们竞相注目、跃跃欲试。作为祖国的一分子、共和国的公民,我们不可等闲视之,更不应袖手旁观,而是有责任和义务为其尽心竭力、殚精竭虑,奉献自己的一腔热忱。

■ 责任与义务

这是责任，也是义务，责任与义务同样责无旁贷；这是机遇，也是挑战，挑战与机遇并存，足以让我们动容动心。

"当一个人年轻时，谁没有空想过？谁没有幻想过？想入非非是青春的标志。但是，我的青年朋友们，请记住，人总归是要长大的。天地如此广阔，世界如此美好，等待你们的不仅仅是需要一对幻想的翅膀，更需要一双踏踏实实的脚。"爱默生如是说；

"未来是光明而美丽的，爱它吧，向它突进，为它工作，迎接它，尽可能地使它成为现实吧！"车尔尼雪夫斯基如是说。

谜一样、诗一样的天空已为无数先行者提供了、回馈了累累硕果，仍有无尽的资源期待我们去发现、开掘，它仍将以无限的热情恭候每一位探索者。那么，就让我们向太空进发吧！当你投身其中，你就会认定，在天文学这一博大的世界里，"我的未来不是梦"，我们的未来不仅是梦！

● 智 慧 心 语 ●

1.梦想是心灵的思想,是我们的秘密真情。

——杜鲁门·卡波特

2.梦想只要能持久,就能成为现实。我们不就是生活在梦想中的吗?

——丁尼生

3.一切活动家都是梦想家。

——詹·哈尼克

4.梦想一旦被付诸行动,就会变得神圣。

——阿·安·普罗克特

5.啊,太阳,是用烈火来争辩的时候了。

——归劳默·阿波里纳瑞